持続可能な刑事政策とは

地域と共生する犯罪者処遇

日本犯罪社会学会編
浜井浩一 責任編集

現代人文社

はじめに

　日本では，1995 年に発生したいわゆる地下鉄サリン事件などを契機に，マスコミを中心に治安の悪化が叫ばれ，その声に応えるように刑事政策の分野でも厳罰化や監視強化といった政策がとられた．しかし，2002 年をピークに刑法犯の認知件数は減少に転じ，殺人の認知件数も戦後最低を更新している．最近では，マスコミによる治安悪化報道も影を潜め，厳罰化傾向にもやや緩みが見られ，それに伴って刑務所の過剰収容も一部を除いて緩和の方向にある．
　最近では，静岡県立大学の津富宏氏が代表として立ち上げた「セカンドチャンス」（少年院出院者である元非行の当事者が非行少年を支援する試み）や自立困難な高齢・障がい満期釈放者を支援するための「地域生活定着支援センター」などの取り組みがマスコミに好意的に取り上げられるようになってきた．これらの活動はいずれも治安悪化が叫ばれていた 2005 年ぐらいまでであれば，「犯罪者を甘やかすのか！」といった視聴者の声にかき消されていたはずである．しかし，2007 年ぐらいから格差社会など新自由主義政策の負の遺産といわれているものに社会の関心が向けられ始め，少しずつメディアの関心にも変化が見られるようになってきた．その中で，2009 年には裁判員制度が始まり，量刑にも関わるようになった裁判員の関心に呼応する形で，メディアも，犯罪者や非行少年の更生に目を向けるようになってきた．日本社会は，少しずつではあるが，一時期の自己責任一辺倒の排他的な方向から変わることを模索し始めたようにも思われる．
　現在の日本は，殺人を中心とする伝統的な犯罪はいずれも減少傾向にある．これには少子・高齢化が大きな影響を与えている．すなわち，少子・高齢化によって，犯罪に対して活発な若年層が減少したため，それが犯罪の減少につながっているのである．事実，一時期の厳罰化が去った少年司法では，少年院の収容人員が減少し，統廃合が検討されている．厳罰化やネットワイドニングといった犯罪として規制の対象となる行為の拡大には，伝統的な犯罪者が減少する中で，「安全・安心」といった社会的な要請に応えることで刑事

司法機関が組織としての生き残りを図っているという側面もある．

このように，定点観測で，同じ基準を用いて犯罪を評価した場合，少子・高齢化によって犯罪は確実に減少傾向にある．しかし，その一方で，最近は，本来であれば犯罪を起こしにくいはずの高齢者による犯罪が増加し，大きな社会問題となっている．高齢者犯罪の多くは，万引きや自転車盗といった軽微な犯罪が中心であるが，累犯化しやすいため，実刑となって刑務所に収容される高齢者が急増している．その背景には，厳罰化だけでなく年金制度を始めとしたセイフティーネットの不十分さや，マスコミでよく使われる「無縁社会」に代表されるような社会的孤立が存在すると考えられる．刑務所が高齢者を中心とする社会的弱者の最後の受け皿（セイフティーネット）の役割を果たし始めていることは，現代日本が抱える様々な問題を象徴しているように思われる．さらに，日本では，少子・高齢化という人口動態的な変化だけでなく，グローバリゼーションなどの影響を受けて，社会保障制度の抜本的見直し，格差社会の進行，非正規雇用の問題など様々な克服すべき問題を抱えている．

本書は，日本犯罪社会学会の機関誌『犯罪社会学研究』36号（2011年）の課題研究「少子・高齢化社会における犯罪・非行対策——持続可能な刑事政策を目指して」に収録された論文をまとめたものである．この課題研究では，上記のような少子・高齢化に代表される日本社会の構造的な変化を踏まえた上で，より良い社会を実現するための取り組みの一つとして，ややベタなタイトルではあるが「持続可能な刑事政策」はいかにあるべきかを考えてみた．犯罪者を異質な他者として排除する傾向は，弱まったとはいえ，まだまだ日本社会の中に深く根付いている．その中で，社会は，犯罪や犯罪者とどう向き合うべきなのか．人々が助け合い，信頼し合い，犯罪者がやり直すことができる寛容な社会を作るためには何が必要なのか．犯罪学や刑事政策の立場からだけでなく，経済学，教育社会学の立場からも考えてもらおうというのが課題研究企画の趣旨である．課題研究の執筆者には，現実の社会における変化を踏まえつつも，困難を乗り越え，よりよい社会づくりに貢献する刑事政策の在り方を，もう少し踏み込んだ言い方をすれば，それぞれの執筆者の理想を語っていただきたいというのが責任編集者（以下，編者という）の意図であった．

その観点から，この課題研究（本書）では，世界で最も寛容な刑事政策を実現し，現在もそれを維持しているノルウェーから，その実現に大きな役割を果たし，現在もノルウェーの刑事政策をけん引しているオスロ大学のニルス・クリスティ（Nils Christie）氏に巻頭論文の執筆をお願いした．加えて，教育社会学から広田照幸氏（日本大学）と伊藤茂樹氏（駒澤大学），経済学から中島隆信氏（慶應義塾大学）にも，それぞれの専門から，犯罪者・非行少年処遇を中心に刑事政策に対する提言を含んだ論文の執筆をお願いした．三人とも，それぞれの分野の第一人者であり，なおかつ非行少年や犯罪者の処遇などにも強い関心をもって研究を続けている方々である．さらに，犯罪社会学・刑事政策の立場からは，優れた研究者であり，なおかつ更生保護を代表する実務家でもある久保貴氏（関東地方更生保護委員会）にも，少子・高齢化が進む中での今後の更生保護の在り方について執筆をお願いし，最後に，僭越ながら課題研究の企画者である編者が犯罪学の立場から少子・高齢化が犯罪や刑事政策に与える影響と，その中であるべき刑事政策の方向性について執筆した．

　なお，本書を編集するに当たっては，クリスティ氏の論文を日本語に翻訳した上で収録するとともに，『犯罪社会学研究』35号（2010年）に掲載された，奥田知志氏（NPO法人北九州ホームレス支援機構）の論文も収録することとした．奥田氏は，NHKの人気番組『プロフェッショナル――仕事の流儀』（2009年3月10日放送）にも出演したホームレス支援の第一人者であり，この論文では，刑務所出所後ホームレス化しJR下関駅を放火したとして受刑した累犯（高齢）知的障がい者との出会いを中心に，ホームレス化した累犯高齢・障がい者の実態と支援の在り方を論じている．罪を犯した人の実態を具体的にイメージすることで本書をより深く理解することができると考え，本書に収録させていただいた．

　本書の刊行に当たり，執筆者の皆さまには論文収録に快く同意していただき編者として感謝に堪えない．本書は，これからの刑事政策を考える上で必読の一冊であると自負している．学術論文をまとめたものであるが，衒学的な要素はなく，各論文は非常に読みやすくわかりやすい文章で書かれている．ぜひご一読願いたい．

2012年2月　浜井浩一

『持続可能な刑事政策とは──地域と共生する犯罪者処遇』目次

はじめに　3

序章　本書の構成　　　　　　　　　　　　　　　　　　浜井浩一　8

第1章　他者との出会い（他者を知る）
　　　　　　　　ニルス・クリスティ（翻訳：桑山亜也／監訳：浜井浩一）　18

1　かの悲劇がノルウェーを襲ったとき　18
2　（他者に）近づくことについて　20
3　異常な状況下にある普通の人々　22
4　他者に近づくとは？　24
5　障壁としての言葉　25
6　隣人たち　27
7　刑罰について　28
8　必要な例外としての刑事裁判所　30
9　修復的司法──過去をやり直すこと　33
10　しかし、それは有効なのか？　34
11　マントラとしての「発展」　36
12　社会システムをケアすることについて　37

第2章　社会の変化と日本の少年矯正
　　　　──教育社会学の立場から
　　　　　　　　　　　　　　　　　　　広田照幸＝伊藤茂樹　41

1　社会の変化と少年矯正　41
2　これまでの考え方と実践　44
3　新しい動き　52
4　まとめ　56

第3章　経済学の視点から見た刑事政策
　　　　　　　　　　　　　　　　　　　　　　中島隆信　61

1　はじめに　61
2　厳罰化の経済合理性を考える　62
3　刑事裁判は誰のためのものか　72
4　更生を考える　76
5　まとめ　85

第4章　人口減少・高齢化社会における更生保護
——実務家からの視点　　久保 貴　90

1. 人口減少・高齢化　90
2. 持続可能性　91
3. 更生保護における持続可能性　93
4. 人口減少・高齢化が更生保護に与える影響　95
5. まとめ　106

第5章　少子・高齢化時代の持続可能な刑事政策
——応報司法から問題解決司法へ　　浜井浩一　109

1. はじめに　109
2. 少子・高齢化と犯罪・非行　112
3. 犯罪曲線の変化：日本の犯罪の何が変わったのか　122
4. これまでのまとめと加齢による犯罪抑止効果消失の原因　124
5. 高齢犯罪者が増加したのか，それとも刑事司法が高齢者に厳しくなったのか　126
6. 日本の刑事司法の何が問題なのか　128
7. 応報と温情だけの刑事司法　130
8. 刑事司法の孤立と福祉の不在　132
9. 人生の最後の砦としての刑務所　135
10. 金さん司法から鬼平司法へ　136
11. 応報型刑事司法から問題解決型刑事司法へ（イタリアから学ぶ）　137
12. まとめ　142

第6章　第三の困窮と犯罪
——ホームレス支援の現場から下関放火事件を考える　　奥田知志　157

1. はじめに　157
2. 北九州におけるホームレス支援　158
3. 下関駅放火事件　164
4. ホームレス支援における「障害」者支援　174
5. 終わりに——絆の制度化　179

編著者略歴　182

序章

本書の構成

浜井浩一（龍谷大学）

　第1章は，ニルス・クリスティによるものである．ノルウェーの更生を重視した刑事政策を長年にわたって担い，国際的にも著名であり，2009年にNHK-BSハイビジョンで放映された『未来への提言』で日本でも注目されているクリスティには，本書の元となった『犯罪社会学研究』課題研究において巻頭論文を依頼した．クリスティの論文は2011年7月1日の締切日にいったん提出されたが，その後，7月22日にオスロとその近郊で極右青年による大量殺人が発生し，この事件を踏まえて大幅に改訂された．クリスティは，冒頭で，事件について触れ，ノルウェー全体が悲しみに包まれ，被害者やその遺族のために様々な追悼の行事が行われているが，それらの行事は数多くの花で覆われる一方で，参加者から激しい怒りや復讐の言葉が発せられることはほとんどなく，首相が連帯と包摂の政策を維持することを訴え，それが多くの市民から支持されていると述べている．

　その上で，本章では，クリスティの研究の原点ともいえる，ノルウェーに存在したナチスによる強制収容所に関する研究が紹介され，そこを出発点に犯罪や刑罰の在り方に関するクリスティの主張が展開されていく．クリスティの研究の原点は，強制収容所で働いていたノルウェー人職員に対するインタビュー調査にある．結論を述べると，ナチスの強制収容所に収容されている収容者と人間的な交流のあった職員は収容者を虐殺せず，彼らとの接触を避け，彼らを異質な存在とみなしていた職員は，収容者を虐殺していたということである．人権意識を含め，それ以外に，虐殺した者としなかった者の間には何の差異もなかった．

クリスティ論文の根幹にあるものは，タイトルにもあるように，刑事政策を考える上で重要なことは，私たちが他者（罪を犯した人々）をどう見るかということある．クリスティが主張するのは，犯罪は，私たち普通の人が普通でない状況において行うものであるということである．クリスティは，そもそも犯罪や犯罪者というのは，私たちがそう定義付けているだけであり，犯罪者という固有の存在がいるわけではなく，私たちがいつそちら側に行ってもおかしくないことを確認する．にもかかわらず，多くの国で刑事手続を介してひとたび犯罪者というレッテルが貼られると，その他の人間としての属性がすべて消されてしまうことをクリスティは警告する．
　さらに，彼は，犯罪や犯罪者というレッテルを必要としているのは，市民ではなく，刑事司法に関わる専門家だと看破する．罪を犯した人を犯罪者という，私たちとは異質な存在に格下げし，彼らを犯罪者として扱うことによって専門家は権威を獲得する．こうした専門家や専門機関による介入が，私たちと犯罪者と呼ばれる人たちを分断し，お互いが理解し合う機会を奪い，それが専門家の権威を更に高めることになるとクリスティは指摘する．
　クリスティは，刑罰の本質は犯罪者を作り出して苦痛を与えることであり，刑法は苦痛を与えるための法律であると主張する．そして，被害者支援運動などに突き動かされている最近の厳罰化を憂いながら，苦痛が何も生み出さないこと，被害者を支援するためには他の方法があることを強調する．その一つが修復的司法である．刑事裁判は被害者と加害者とが対立する場であるが，修復的司法の場では，両者が理解しあう場である．お互いを理解しあうことで問題解決の方向性を探る方が，社会にとっても被害者にとっても望ましいとクリスティは述べる．
　彼は，ノルウェーにおいて刑務所改革運動を進めた中心的人物の一人であり，刑務所は，どんなに人道的に作ってもやはり苦痛を与える刑罰の執行場所以外のものにはなりえないと指摘しつつ，本質的には，苦痛を与えるだけの刑罰は廃止されるべきだと考えている．ただ，修復的司法や社会福祉が全ての問題を解決できるかといえば，そうではない．修復的司法においても，被害者と加害者がお互いに理解し合えなかった場合には，更なる問題と苦痛が生まれる危険性があり，クリスティも，そのためのバックアップとして刑事司法には存在意義があると考えている．

いずれにしても重要なことは，罪を犯した人を異質な犯罪者として排除せずに，隣人として彼らが起こした問題解決に努めることであり，そうした社会を作り出し，維持していくことが，真に豊かな社会だとクリスティは主張する．刑罰やそれを執行する刑事司法機関には，そうした隣人関係を壊し，地域を解体し，市民一人ひとりを孤立させ，他者だらけの社会を作り出す危険性があることを私たちは自覚しなくてはならない．

　第2章は，教育社会学を専門とする広田照幸と伊藤茂樹によるものである．二人とも，教育社会学の立場から非行を研究している著名な研究者である．広田・伊藤は，教育社会学の立場から，少年院の在り方やそこでの処遇プロセスの分析を通して，非行少年処遇のあるべき姿について論じている．

　彼らは，少年院の不可視性を問題にしつつ，自らその実務の現場に入り込み，外部研究者の視点で，少年院における教官と少年の関係を分析し，教官と少年の信頼関係の構築，その信頼関係が施設内に秩序をもたらし，それが教育と統制の両立を可能ならしめていることを看破する．そして，少年院における立ち直りのプロセスには，信頼関係を前提とした上で，少年が自己肯定感を持ち，社会に適応できるように様々な仕掛けが用いられていることを明らかにしている．

　その上で，彼らは，今後の少年矯正の在り方として，少年院が社会に対して開かれていくことの重要性を指摘する．同時に，彼らは，少年院処遇を社会に対して可視化していくことには，被害者や一部の保守的ジャーナリストから，少年院は「甘い」，凶悪犯を甘やかすなという声が上がることや，外からの批判を意識しすぎるあまり無責任な事なかれ形式主義がはびこるリスクがあることも指摘している．

　しかし，それでも少年院は地域や社会に対して開かれなくてはならないと主張する．それは，非行少年が真に更生するのは少年院の外，つまり社会に戻ってからであり，そのためには，非行少年に対する社会の誤解や偏見を払しょくし，社会が，非行少年を「われわれ」の一員として受け入れることが必要だからである．少子化が進む中，少年非行は減少している．少年院が生き残っていくためには，少年院教育の良さを一般市民に対して可視化し，その成果を市民と共有するとともに，市民の力を借りてその成果を更に高めて

いくことが必要になる．編者も少年院に勤務したことのある元実務家であるが，本章は，様々な意味で，説得力があると同時に勇気づけられるものである．非行少年が生み出されるのも，彼らが更生するのも「われわれ」の社会である．少年矯正のみならず，市民に非行少年の実像を理解してもらい，その更生に協力してもらうことは，非行少年が更生できる社会環境をつくるために不可欠である．非行少年を厳罰に処し排除するだけでは何も解決しないこと，非行少年が更生できる社会を作り出すことが，非行を生み出さない社会につながり，それが「われわれ」にとっても暮らしやすい社会であることを一人でも多くの人に理解してもらうことが必要である．

　第3章は，経済学者の中島隆信によるものである．中島は，相撲，福祉やお寺といった一見すると特殊な世界を経済学の視点から鋭く分析することで著名で，今回は，その視点から刑務所を中心とする刑事政策の分析をお願いした．
　中島は，刑事裁判は正義を実現する場であるが，そこで裁かれているのは，生身の人間であることを指摘した上で，刑罰の経済的合理性について考察する．刑罰に抑止効果や無力化の効果があるとするならば，それを回帰分析等で検証する作業が必要であり，その際には，刑罰の効用だけでなく副作用や代替効果もきちんと押さえておかなければならないし，そこで使用されている変数の妥当性・信頼性の確認も不可欠である．中島は，すべての当事者を傷つけているように見える刑事裁判が本当に誰かのためになっているのかという根本的な疑問を投げかけ，修復的司法の可能性にも言及する．これは，クリスティ論文にも共通する視点である．
　その上で，中島は，経済学理論における比較優位（うまく分業することで全体の効率を上げる）の考え方を紹介し，犯罪者をただ罰して社会からつまみ出す排除の論理の非合理性を指摘し，刑事政策は，罪を犯した者の社会復帰を促進し，社会に貢献できる納税者にすべきだと主張する．そして，懲役刑という個別に考えるべき処遇の中身まで規定した刑罰の存在を批判する．編者から見ても，受刑者の高齢化が進む中で，社会で定年退職する65歳を超えた受刑者に，懲役刑を科して強制労働をさせることは，人道的にも問題があるように思える．

さらに，中島は，現在の刑務所は何も問題がなくて当たり前で，何か事故が起これば批判されるだけであり，刑務所も社会復帰に力を入れ，社会復帰に向けたプラスの成果が評価されるような仕組みが必要ではないかと提言する．また，彼は，「障害者自立支援法」において障がい者の地域移行がうまくいかなかったことを例に挙げて，更生保護に予算をつけて，更生保護施設の収容能力を向上させただけでは，対象者を受け入れること自体が目的化する危険性があることを指摘する．

　中島論文は，経済学と経済的合理性の視点から，現在の刑事裁判や刑罰の在り方を批判的に検討し，その上で，更生や社会復帰の重要性を指摘し，具体的な提言を行うなど，日本の刑事政策に一石を投じる内容となっている．また，視点は異なるが，広田・伊藤論文と同様に，矯正や更生保護といった刑事政策が，社会に開かれ，理解されることの重要性を指摘している．

　ここからは編者の意見であるが，編者の論文にも記したように，少子・高齢化でクライアント（犯罪者）が減少すると刑事司法機関が，厳罰化やネットワイドニングで新たな顧客獲得に動く可能性があり，その点も含めて刑事政策を経済的合理性の観点から分析することは重要である．アメリカのドラッグコートは，薬物依存者を刑罰から解放するようにみえるが，依然として彼らを犯罪者として位置づけ，刑事司法の枠内に留める施策ともとらえることができる．アメリカの刑事司法にとって薬物犯罪は巨大な市場である．これをすべて手放すことは刑事司法機関の縮小（職員の失業等）につながる．ドラッグコートのコスト分析を行った研究によると，ドラッグコートによって新たな犯罪被害が防止された効果を計算し経済的にも成功したという研究がある一方で，ドラッグコートの設置によって，ネットワイドニングが起こり，コストが増加したとの報告もある．ドラッグコートは，薬物依存者の一部を刑務所から解放すると同時に，薬物依存治療という新たな雇用・市場を生んだことも事実である．これは，刑事司法機関の陰謀といった性質のものではない．刑事政策も，そこにお金と雇用がある以上，経済原則（市場原理）に従って動くということである．刑事政策は，人権や再犯防止という観点からのみ議論されることが多いが，行政施策である以上，経済原則や市場という視点から分析することも欠かしてはならない．

第4章は，更生保護実務家の久保貴によるものである．久保は，更生保護を担う行政担当者の視点から少子・高齢化という人口構成の変化が更生保護のクライアントである保護観察対象者だけでなく，処遇者である保護司制度に与える影響を分析しつつ，持続可能な更生保護・更生保護制度の在り方を検討している．これまでの更生保護の対象者の中心は少年であったが，少子化によって少年の対象者は減少しつつある．高齢犯罪者の増加に見られるように今後の更生保護の対象者の中心は成人へとシフトしていく可能性が高い．また，久保は，保護観察の処遇者という視点では，団塊の世代の高齢化など人口全体の高齢化によって社会貢献を望む潜在的な保護司候補者が増加する可能性も指摘している．

　本章を通して語られていることは，少子・高齢化による人口減少に伴い，行政機関としては，クライアントの減少によって組織維持が困難になることを予測しつつも，この機会を生かして，更生保護の目的である改善更生と再犯防止を達成するための機能の充実を図る努力が必要であるということである．人口減少によるクライアントの減少は，刑事司法機関すべてに当てはまることである．久保が述べているように社会にとって犯罪が減少しているということは歓迎すべき事実である．にもかかわらず，刑事司法機関が組織の維持のために，新たな犯罪を掘り起こすことで，クライアントの獲得を目指すのは，それが「安全・安心」を望む市民の声を受けたものであるとしても本末転倒のように思える．それが社会全体にとっても有用である場合もないわけではないとは思われるが，久保も指摘しているように，本来の行政目的に立ち返り，その機能を強化することで市民の期待に応える，それが行政サービスに求められているものであろう．

　久保は，更生保護の目的である対象者の改善更生と再犯防止を達成するためには，地域社会の役割が重要であり，さらには保護司が処遇者として対象者を地域社会に橋渡ししていくことが重要であると強調する．クリスティが指摘したように，刑事司法の専門家がしゃしゃり出て，権威を振りかざしすぎると，地域社会が分断され人々が孤立する危険性がある．ひとつ例をあげると，警察から発信される不審者情報によって地域社会に警戒心や犯罪不安が蔓延すると，そこに暮らす住民が門（玄関）を閉ざし，外にでかけなくなって，人々は孤立し，地域が沈んでしまうことが考えられる．犯罪の多く

は地域で生まれ，犯罪者は地域で更生しなくてはならない．刑事司法機関は縁の下の力持ちであるべきで，地域から問題解決能力を奪ってはならない．久保論文も，これまで紹介した論文と同様に，持続可能な刑事政策の方向性としては，罪を犯した者と，彼らが更生する場である地域をつなぐことが重要であり，そのためには地域の理解を得て，支援を受けることが不可欠であることを指摘している．

　第5章は，編者によるものである．編者の論文は，実質的には，二つの論文を一つにまとめたものである．一つは，少子・高齢化という人口動態（構成）の変化が犯罪動向や刑事司法のクライアントに与える影響を分析したもの．もう一つは，その変化を踏まえて持続可能な刑事政策を提言したものである．

　以下，論文要旨に沿って紹介する．少子・高齢化は，犯罪に対して最も活発な若者が減少し，犯罪に対して最も非活発な高齢者が増加するため，全体としては犯罪減少社会を作り出す．事実，罪種によって多少の違いはあるが，窃盗においても，殺人においても犯罪は若者の減少と共に減少している．その一方で，年齢による犯罪率の変化を示す年齢層別検挙人員を人口比で示した犯罪曲線を詳細に分析してみると，そこには1990年代後半から微妙な変化が認められる．それは，30歳以降において加齢による犯罪の減少パターンが消失したことである．つまり，日本においては，30歳を過ぎても犯罪から足を洗えなくなってきたということである．犯罪の背景要因には生活苦や社会的孤立が存在する．少子・高齢化は，消費を衰えさせ経済全体を衰弱させる．1990年代後半における経済不況は，こうしてもたらされたものである可能性が高い．つまり，犯罪の動向は，人口動態の変化とそれによって生じる社会経済状況の変化によって変動しているのである．犯罪問題を解決する刑事政策を考えるためには，この事実を踏まえて，それに応じた対策を立てなくてはならない．

　にもかかわらず，判決までを中心とする日本の刑事司法は応報を基本とする行為責任主義に固執し，累犯加重を機械的に適用する傾向が強く，判決までの段階では犯罪者を更生させるという問題解決意識は極めて乏しい．その結果として，万引きや無銭飲食などの高齢犯罪者が増加する中，彼らの多く

が，軽微な犯罪を繰り返すことで実刑となり，受刑者の高齢化は深刻な状況となっている．少子・高齢化社会において持続可能な刑事政策を実現させるために必要なこと，それは，これまでの「応報型刑事司法」を改め，犯罪者の更生を可能とする「問題解決型刑事司法」を目指すことである．

そのための例としてイタリアの刑事司法を参考にする．イタリアでは，憲法で刑罰の目的を更生と定め，たんなる応報刑を認めていない．刑罰の執行に当たっては，更生という視点からの社会調査が実施され，受刑者を含むクライアントの更生を達成するための刑罰の執行形態（処遇）が選択される．高齢者が累犯だからと言って機械的に刑務所に収容されないのはこのためである．70歳を過ぎた高齢者に懲役刑という拘禁した上での強制労働を科す日本の刑事司法との大きな違いである．また，社会内での処遇が，単なる指導・監督やカウンセリングではく，地域のソーシャルサービスのネットワークを中心に行われ，対象者だけでなく，その家族を含んだ総合的な支援が行われていることも特徴である．「反省は一人でもできるが，更生は一人ではできない」．日本の刑事司法も，罰して一件落着の「応報型刑事司法」から脱却し，更生を可能にする「問題解決型司法」に転換し，よりよい社会づくりに貢献できる司法を目指すべきではないだろうか．

最後の第6章は，NPO法人北九州ホームレス支援機構理事長の奥田知志によるものである．「はじめに」にも記したように，奥田は，刑務所出所後ホームレス化し，JR下関駅を放火したとして受刑した累犯（高齢）知的障がい者との出会いを中心に，累犯高齢・障がい者の実態と支援の在り方を論じている．本章では，このJR下関駅放火事件の実行犯Fさん（当時74歳）の事件に至るまでの経緯が克明に描かれている．知的障がいを抱えた高齢のFさんは，満期で刑務所を出所し，すぐにホームレスとなっている．そして，事件までのたった8日間の間に，Fさんは，数度にわたって福祉事務所を訪れ，万引きなどで警察にも数度保護され，救急車で病院に運ばれるなど複数の公的機関に助けを求めたにもかかわらず，たらい回しにあい，最後に福岡県内の福祉事務所から隣の山口県下関市までの切符を渡され，そこで事件を起こしている．日本の刑事司法と福祉の現実のどこに問題があるのかを如実に物語る事件である．奥田は，ホームレス問題は，「経済的困窮」や「身体

的困窮」に加え，もう一つ，絆を失い社会に居場所がなくなる「関係的困窮」に視点を当てた支援が必要だと訴える．絆の喪失は「いざという時に助けてくれる人がいないという事態」であり，それは自己の喪失につながると奥田は言う．そして，ホームレスを支援し，再犯を防止するためには，地縁や血縁ではない，新しい絆の仕組みの構築が必要であると主張し，それを実践している．奥田の論文は，実践の中から生まれたものであり，ホームレスから受刑者となり，そしてホームレスに戻っていく現実をつきつけ，私たちが何をしなければならないのかを教えてくれる．

　本書の最後に，この論文を収録したのは，現場で支援を続ける奥田の目を通して見えてくるホームレス支援の現実が，本書の原点であるからである．奥田論文は，本書の最後に収録されているが，クリスティ論文を読んで少しわかりにくいと感じたと人は，まず奥田論文から読むことをお勧めする．奥田論文を読んだ後に，もう一度クリスティ論文を読むと，クリスティの言いたかったことがわかるはずである．

　さて，以上各章の論文の概要を紹介した．編者を除きそれぞれの世界における第一人者であり，いずれも編者が，この人に書いてもらいたいと思い無理をお願いして執筆していただいた．この「本書の構成」を書くにあたって，あらためて各論文を読み返してみた．企画当初は，正直，これほど統一感のあるものになるとは思っていなかった．北欧の犯罪学者，そして日本の教育社会学者，経済学者，更生保護の実務家，犯罪学者，ホームレス支援の実践者と，それぞれ異なるバックグラウンドを持っているものが，同じテーマに挑み，それぞれ内容的には多岐にわたるが，目指す方向性としては同じ結論に至っている．この事実は，どのような学問でも，きちんと合理的に考えれば刑事政策の進むべき方向性については同じ結論にたどりつくことを示したものとしてとても勇気づけられるものであった．だからこそ，本書のタイトルに「持続可能」という言葉を自信をもって加えることができたのである．

　ここでまとめ過ぎてしまうのはやや大胆すぎるが，犯罪は普通の人間が起こすものであり，彼らを罰して苦痛を与えたり，社会から排除したりするだけでは何の問題解決にもならない．また，彼らが更生するのは地域社会であり，彼らが更生するためには地域の理解と地域からの支援が不可欠である．

刑事司法機関の果たすべき役割は，こうした地域力を高めることにあり，刑罰を振りかざして，犯罪者もろとも地域社会そのものにダメージを与えることではない．

最近，編者がEU（欧州連合）の研究者と一緒に行った「刑事司法に対する信頼調査」において，日本の刑事司法に対する信頼は，ヨーロッパ先進国と比較すると必ずしも高くなく，市民の刑事司法に対して協力しようという意識も低いことがわかってきた．その要因の一つとして，日本においては，市民が刑事司法にあまり関心がなく，よく知らないことがある．罪を犯した人が更生できる社会を築くためには，まず，刑事司法が地域に開かれ，そこで働く人も，また犯罪者といわれる人も，実は私たちと変わらない人間であることを理解してもらうことから始めなくてはならないのかもしれない．

（はまい・こういち）

第1章

他者との出会い（他者を知る）

ニルス・クリスティ（オスロ大学）

1　かの悲劇がノルウェーを襲ったとき

　2011年7月22日の午後，私は，この論文をまさに脱稿しようと，いくつかの出典を確認していたところだった．時計が午後3時26分を示したとき，ノルウェーは別の国に変わってしまった．官庁街で巨大な爆弾が爆発した．一帯は，戦争直後のようだった．7人が即死し，さらに多くの人々が重傷により病院に運ばれた．おそらく，この事件が夏休み期間中に起こったこと，そして，官庁の勤務時間が終了した26分後に起こったことで，非常に多くの命が奪われずに済んだのだと思われる．

　テロリズムはノルウェーに到達していた．事件の直後から犯人探しが行われた．イラク，アフガニスタンそしてリビヤの戦争に私たちが加担したことへのイスラム教の信者たちによる報復ではないか．または，デンマークの新聞に掲載されたイスラム教創始者マホメットの風刺画をノルウェーの新聞が再掲載したことへの彼らによる報復ではないか．もしそうであれば，ノルウェーの移民社会にとって辛い時代が始まってしまう．

　しかし，夜が近づくにつれて，別の緊急ニュースがとびこんで来た．熱心な若者たちで構成される労働党青年部のサマーキャンプで銃による乱射事件が起きたのである．それは，オスロから1時間のところにあるたいへん小さな島で起こった．長身の男が，あちこちを歩き回り，見つけた人間を誰彼かまわず機械的に殺害していったのであるが，その中には14歳の少年たちも含まれていた．情け容赦なく，彼は出逢った者をただただ殺害していった．

そこにはたくさんの若者たちが集っていたのだ．

　この国に広がった恐怖，絶望，悲嘆を表現するためには，芸術家の力が必要である．だから，ここで，私は説明するのを差し控えるが，この長い夜の間に，私たちにある種の安堵をもたらしてくれた一片のニュースがある．それは，本事件の加害者は，移民ではなかったというニュースであった．加害者は，ノルウェー人であり，しかも生粋のノルウェー人だった．彼の行為は，イスラム教の信仰を有する移民や難民を受容するという政治理念に抗したものであった．ひとりの極右の男性が仕掛けた戦争だったのである．

　その後，私たちは，首相が生存しているとのニュースを聴いた．まもなく首相はラジオとテレビに登場した．彼の声明は，悲嘆と絶望，犠牲者への共感に満ちていたが，その日の夜に出された声明，そしてそれに引き続いて幾度となく行われた声明の主旨は，私たちは復讐と恐怖によってこれらの行為に応じるのではなく，民主的な社会という私たちの理想を維持していくことによってこの事件に応じようというものであった．あるいは，数日後，離島での事件の生存者である若者たちのひとりが表明したように，私たちは花で恐怖に立ち向かおうという声であった．

　私たちは，この悲劇が起こった3日後にオスロの市民ホールの外で行われた追悼式典に参加した．オスロ市の人口は60万人であるが，およそ20万人の市民がそこに参集していたとされている．皇太子，首相そして事件の生存者たちが発言した．彼らから復讐の言葉は一言も聴かれることはなかった．ただバラの花だけが雄弁に何かを語っていた．ほぼすべての人々が手に花を持ち，追悼の場にこれらを捧げていった．以来，公共交通機関は，市の中心部に置かれた花の記念碑を壊さないように運行された．同様の追悼式典は，ノルウェーのあらゆる場所で行われており，それは今も続いている．私は，2011年7月31日にこの論文を書き終えた．この日の朝の最新ニュースは，昨日はさらにより多くの花が捧げられ，そして，ノルウェーに十分に供給されるよう，バラの輸入関税が一時的に撤廃されたというものであった．

　犯人は逮捕された．弁護人が彼の弁護のために選任された．予備審問の後に，彼は勾留され，現在，公判が開かれるのを待っている．彼が，残りの人生の大半を刑務所の中で過ごすことは，ほぼ確実であろう．ノルウェーには死刑がない．殺人罪の最長刑期は，21年の拘禁刑であるが，高い危

険性があるとみなされる場合には，予防拘禁という処分を受けることがある．特別な場合に適用され，その数は多くはない．予防拘禁（preventive detention）の場合は，21年を超えて刑務所に収容される可能性があり，5年ごとに更新される．この延長のための手続は，通常の裁判所で職業裁判官によって決定されなければならない．ノルウェーには，人道に反する罪に関する法律があり，この法律では，最長刑期は30年の拘禁刑であるが，このケースには適用できないだろう．

＊　＊　＊

　この悲劇の後でも，私は，以下，（訳注：締め切り日までにいったん提出した）元原稿に書いたことに多くの変更を加える必要はないと考えている．ただ，例外は「刑事裁判所」に関する第8節，そして第12節であり，第12節では，現在ノルウェーに行き渡っている共同社会の精神（communal spirit）を維持することの重要性を強調している．元原稿に加えた変更は太字によってそれとわかるようにした．ノルウェーの人々は，ここ数週間のあいだにお互いがより近い存在となった．しかし，ここで重要な疑問が生じる．この共同社会の精神は維持できるのであろうか，そして，そのことによって，人間全体として「他者」に近づきお互いを知る能力が維持され，もしかしたら強化されるのであろうか[1]．「他者」と出会うということが，本稿全体のテーマである．

2　（他者に）近づくことについて

　私は，ノルウェーがドイツ軍によって占領されていた時代に育った．第二次世界大戦の時代である．ドイツ軍の軍人を町で見かけるのが日常の光景だった．しかし，この時代に，12歳から17歳という年齢だった私は，ドイツ軍の軍人と会話することは決してなかった．最悪の裏切り者とされたヴィドクン・キースリングが率いていた（ノルウェーの）ナチス党員と話したこともなかった．ただ，アスビィヨーンだけは例外だった．彼はナチス党員だった．彼は教室で私のすぐ後ろに座っている大切なクラスメイトだった．

彼は，小児麻痺によって身体に障害があったが，常に親切で，気持ちがよく，協力的だった．私は，1814年にノルウェーがどのように憲法を制定したのかという歴史的事実をもとにした戯曲を友だちと創作したことがあった．躊躇なく，私はアスビィヨーンを，憲法草案を作成した人物という主要な愛国者の役に抜擢した．教師は，これを激しく嫌がった．「ナチス党員がその役をやるなんて！」．しかし，私たちにとっては，この役をやるのは，ナチスのモンスターではなく，日常生活の中でよく知っているアスビィヨーンだったのだ．しかし，最悪の裏切り者であるキースリングとなると話は別だった．彼は，占領が終わった直後に拘禁され，後に死刑に処された．その他に21人のノルウェー人と16人のドイツ人も同様に処刑された．このとき，極めて少数の人たちだけが，死刑の復活に異議を唱えた（訳注：1905年にノルウェーは，死刑を廃止した）．モンスターと見なされた者は，死以外には値しなかったのである．

　戦争と占領の後には，重要なひとつの問題が残された．ビュッヘンヴァルド，アウシュビッツをはじめとした多くのドイツ軍の強制収容所の恐怖である．（ドイツという）一国家からもたらされた，終わることのない恐怖が私たちに迫って来たのである．

　しかしそのとき，私たちノルウェー人の自己イメージを傷つけるような深刻な脅威となったのは，ノルウェーにも強制収容所が複数存在しており，そこでは多くのノルウェー人看守が，殺害や虐待行為に積極的に関わっていた事実が判明したことであった．これらの収容所は，ユーゴスラビアのパルチザンたちの絶滅収容所であり，そこでの死亡率はドイツの収容所における最悪の死亡率に匹敵していた．

　当時，私は大学院に進学し，そこでどのようなノルウェー人のモンスターたちがこうした強制収容所の管理運営に関わっていたのかを明らかにするよう求められた．私は，いろいろな刑務所を渡り歩いて殺害行為や虐待行為によって有罪判決を受けた膨大な数の元看守たちにインタビューを行った．さらに，殺害行為や虐待行為によっても有罪判決を受けることがなかったほぼ同人数の元看守たちにもインタビューを行った．私は，彼らに対して，なぜ殺害や虐待行為を行ったのかとは尋ねなかった．私が尋ねたのは，そこに収容されていた人たちがどんな人たちだったのかを語ってもらうことであった．

この調査によって得られた重要なことは，殺害行為を行った者は，収容されていた人々が自分たちと同じ人間だと見ることができるほどには，収容者に近づいていなかったということである．彼らは，収容者たちをユーゴスラビアからやって来た，汚くて，臭くて危険など動物と見ていたのである．しかし，殺害行為を行わなかった元看守たちは，ユーゴスラビア人の収容者たちについて別の見方をしていた．彼らは，収容されていた人々に近づき，人間として見ていたのである．私は，この元看守たちへのインタビュー結果にショックを受けた．もしも自身が 16 歳のときに看守として職を得ていたら，そして彼らと同じような状況に置かれていたら，自分も同じことをしたかもしれないのだ．

　では，収容所で殺害行為を行った者たちはモンスターではなく，どちらかと言えば，私たちの大半と同じような普通のノルウェー人だったのであるという私のインタビュー調査の結果は，ノルウェーではどのように受け止められたのであろうか．

　私の調査結果は，嫌悪の海に深く沈められてしまった．敵は，このような恐ろしいことをなしうる占領者のドイツ人であってノルウェー人ではない．私の調査結果は，黒と白の曖昧な境界線上にあった．当時，ノルウェーでは，私の調査結果はとても歓迎されるものではなかった．私の調査結果については，ほとんど関心を向けられることはなかった．私の原稿が本のかたちで刊行されるまでに 20 年がかかった．この本が再版されるまでには，さらに 40 年を必要とした．40 年たってようやく，この本は，ノルウェーの社会学の重要文献となるまでに注目されるようになっていた．モンスターのイメージを払拭するまでには，それだけの時間がかかったのである．

3　異常な状況下にある普通の人々

　当時，ドイツではこのようなことがいかにして起きえたのであろうか．ドイツつまりヨーロッパ文化の中心地で，そしてノルウェーにおいて，このような悲劇の数々，望ましくないとされた人々の大量殺戮がいかにして起きたのだろうか．

　ユダヤ人が辿った運命こそ，その答えを示すもっとも顕著な例である．そ

の答えのひとつは，ユダヤ人を完全に非人間化したイメージに仕立て上げる長いプロセスにある．ユダヤ人は，悪魔のような風貌，金銭に汚い人たち，他人を借金地獄に陥れる「カネ」そのもの，というような風刺画で描かれた．ドイツ語でいう Kristalnacht（水晶の夜）である．加えて，街頭では本の山が燃やされた．これらの本はユダヤ人作家によって書かれたもので，それゆえに燃やされたのである．さらに，ドイツ人があらゆる人種の中で最高の人種であるという考え方，すなわち生まれながらにして支配者であるという考え方がこれに拍車をかけた．もちろん，後には，ドイツだけがそのような考え方に取りつかれていたわけではないことを知ることになるのであるが──．あらゆる植民地主義にとって，現地人を「原始的な人間」「自分たちとは違う人間」と区別した方が都合が良かったのである．

　こうした組織だった「貶め」は，まずユダヤ人に対して，後にいわゆるジプシーや東ヨーロッパのあらゆる人種・民族の人々に対して行われた．こうした「貶め」は，かなりの程度で，彼らを同じ人間と見なす境界を超えてしまっていた．ジークムント・バウマンの言葉を借りれば（Bauman, Zygmunt, 1989, Modernity and Holocaust, Polity Press ＝森田典正訳『近代とホロコースト』，大月書店，2006 年），貶められた者たちは，機能的合理性（functional rationality）の上に築かれた社会においては，取り除かれるべき雑草だったのである．そのような雑草を絶滅させることは，通常の意味での「殺人」とは異なることだった．本稿で私の言いたいことは，強制収容所で殺害行為を行っていた者たちはモンスターではなかったということ，彼らは，異常な状況下に置かれた普通の人々だったということである．

　さらに，私の調査から得られた望ましくない知見として，高度な教育を受けたことが虐待行為に加わることへの歯止めとはならないということがあった．いわゆる「ユダヤ人問題」に対する最終的な解決策は，ドイツで行われた有名な会議において決定された．ミヒャエル・ヴィルト（2003 年）が 1942 年に行われたヴァンゼー会議について著したように，数多くの博士号取得者が参加して会議は行われていた．さらに，収容者たちを載せた電車が収容所に到着したときには，プラットホームには医師が常駐しており，彼らは，到着した者たちを，ガス室に直接送るか，またはガス室に送る前にしばらくの間労働をさせるか，のいずれとするかを選り分けていたのである．

絶滅収容所における殺害は，さらに別な形で，医療行為として行われていた．医師たちは，精神科医療施設等において多くの人たちに対して診断（決定）を行う権限を与えられていた．彼らは，患者たちが，「生きるに値するか」どうかについて判断していたのである．おそらく，まったく人間とは位置付けられなかった人々もいたであろう．そうだとすると，食料等の資源の有効活用を考えた場合，そうした存在は死に向かわせるのがより適当ということになる．そうしたカテゴリーに分類される人は，障害のある人々，さらには逸脱した生活様式や態度を有する人々へとだんだんとその範囲は拡大し，彼らは何らかの疾患要素，つまりはいわゆる「民族集団（folk-body）」という一種の癌であると見なされた．その身体を治療するのが医療の仕事であり，処刑は医療行為のひとつとされた．
　このことが，私の生涯のほとんどにおいて，個人的にまた科学的研究の面からも関心の中核となった．すなわち，他者に近づくための条件とその結果という課題に私を導いたのである．

4　他者に近づくとは？

　あらゆる人々の中に共通して存在する人間性を認識できるようになるということは，生活または芸術を通じて，他者により近づくということと関係している．
　7月22日にノルウェーで恐ろしい出来事を起こした男性は，非常に孤独な人間で，社会生活から阻害され，はみ出し者として生き続けることを余儀なくされてきた，「他者」と出会うことのない男性であるように見える．彼は，自分の目標遂行のために盲目になっていた．私たちにとって次の課題は，彼を私たちの一員として見るということになるだろう．彼もかつては子どもであったし，おそらく鳥が好きな人間であるかもしれない．
　私の考えを単純化すれば，私たちが，お互いを同じ人間として見ることができるような立ち位置に自らを置くほどに，そこで得られる知識・知見に依拠するようになる．そして，私たちは，乳児から老齢の者に至るまで様々な人々に対しどのように振る舞うかについて，人生を通じて自分の中に深く染み込んだ規範に従って行動するようになる．「他者」と出会うということは，

私たちを人間たらしめている規範の網の中に捕らえられるということである．私たちが，このように他人に近づくほどに，通常私たちが属している文化の中では，望ましくないと見られる方法によって他者と関わることには抑制が働きやすくなる．

しかし，さらに日常の生活においては，「他者」と出会うことを妨げている大きな要因がある．言葉は，もっとも有益な障壁となりうることが多い．そこで，以下では，障壁としての言葉についてさらに述べたいと思う．

5　障壁としての言葉

言葉は，人と人の間に橋を架けることができる．それは，思考，感情そして理解をこちら側と向こう側でやりとりする美しく有益な橋である．しかし，言葉はまた障壁としても機能しうる．

言葉は，あまりに大きく，あらゆるものを含んでおり，それゆえに何も含んでいない．私たちは，ある概念を使う場合，そのことについて深くは理解していない．私たちがほんの少ししか理解していないがゆえに，あらゆる種類の政治的権力に自由勝手に行動する余地を与えてしまうのである．

「犯罪」がまさにそうした言葉のひとつである．私たちは，この概念を使うことによって，このことをより深く理解しているわけではない．ノルウェーにおいて犯罪は増加しているのだろうか．この問いには意味がない．私が若い頃には，同性愛は犯罪とされ，厳しく処罰された．現在では，ゲイのカップルたちは市民ホールで結婚式を挙げている．さらに，かつて堕胎は，犯罪であった．今や堕胎のためのピルが薬局で販売されている．しかし，新たな危険も生じている．薬物に対する戦争が，最近，私の国では，犯罪者の創出にもっとも貢献している．

「犯罪が増加している．同じぐらい，減少している」と一緒になって声高に叫ぶのではなく，私はもっと有意義な主張をすることを考えている．つまり，「犯罪なんて存在しない！」と．こんなにも多くのものが詰め込まれたことがらをひとつの言葉で表すことなどできないのだ．

行為そのものが犯罪なのではなく，行為が犯罪となるのである．望ましくないと見られているような行為を含めて，あらゆる行為について，これら

を理解する別の方法が多数ありうる．すなわち，悪い行為，異常な行為，邪悪な行為，間違って賞賛された行為，若者によく見られる虚勢を張った行為，政治的なヒロイズムからの行為，または犯罪行為であるという具合である．したがって，「同じ」行為同士が，法学，精神医学，教育学，神学といった複数の並列的なシステムの中に存在することがありうるし，あるいは，ただ家族や友人のあいだで理解されるものとして存在することがありうるのである．

　社会の中での距離，そして（あるいは）物理的な距離は，行為に意味付けをするうえで，特に重要である．私に近い人々は，犯罪者とは見られにくい．私は彼らを非常によく知っているし，彼らの行為の理由を理解できる．しかし，家庭生活は，（ある行為や人を）犯罪や犯罪者として認識することに対抗する社会的条件の具体的な例のひとつにすぎない．

　「犯罪」および「犯罪者」というのは，個人に張り付く高い可能性をもった強いラベルである．そうしたラベルは，ラベルの後ろ側にある人間とその行為についての他の理解を消し去ってしまう．私は，今までに知り合った人々の中で，犯罪者という側面しか持っていない人に出会ったことはない．彼らは，私たちの多くがそうであるように，良い面と悪い面が混じりあった存在なのである．彼らは，否，おそらく全ての人々が，いわば「歩くミステリー」なのである．

　しかし，犯罪をおかしたとされ，その恐ろしい行為によって有罪とされてしまうと，その人たちの持っている他の側面はすべて，当該行為を指す概念，またはその人が持っていることが明らかにされた人格類型の影に隠されて見えなくなってしまうのである．

　いかに人間を理解し管理するかを定義づけるにあたり主要な役割を果たす破壊的な言葉が，多くの専門家によって創り出されている．たとえば，サイコパス，小児性愛症者，躁鬱病者，注意欠陥障害（ADHD）のある子どもといった言葉である．診断用のマニュアルは，そうした言葉でこぼれそうなほどに溢れている．

　では，私は，人間行動を研究している専門家に，彼らが研究対象としている人たちをどのように表現して欲しいのだろうか？

　古くさくて，素人的な用語で，ある人を全人的に表現することは，人間を

類型化する際にはなじまないものとされている．私が知りたいのは，何が起きたのかといったことや，その人はどんな人なのかといったもう少し具体的なことである．小さな物語の中に込められた小さな言葉の数々は，特に，そのような具体的な知識を提供するのに非常に適している．専門家たちの道具箱から出てくる大きな言葉は，何が起こったのかということやそこに何が関わっているのかに関する洞察を阻害してしまうことがよくある．

しかし，言葉がなければ，専門家は権威を失うのではないだろうか？
そのとおりである．

6　隣人たち

私の著書のひとつ（Christie 1975）は，そのタイトルをノルウェー語から翻訳するのが困難であった．そのノルウェー語のタイトルは，"Hvor tett et samfunn?" というものだが，英語では，おそらく "How tightly knit a society?"（いかに社会を固く編み込むか？）あるいは "How close to one another?"（いかにお互いが近づけるのか？）と訳すのが適当であろう．私たちは，家庭，近隣社会，国家間，または国際社会においていかにして近づけるのか．ノルウェーでは，1994年にヨーロッパ共通の市場の一員となること（欧州連合への加盟）に国民投票で反対票を投じられたという事実から明らかなように，より大規模な統合に関して躊躇が見られる．

しかし，私たちは，近代性（modernity），つまり，成長および物質的進歩をよしとする思考に縛られ，またフェンスの向こう側の芝はより青々として，美味しいと信じこまされている．さらに，よく知られているように，近代性と流動性は，緊密に関係している．私たちは，これまで以上に諸地域および諸国家のあいだを移動している．自分が生まれた家に近い場所で育ち，そこに居住し，さらにはそこに住み続けるという時代は失われているのである．ノルウェーの峡谷に位置するある農場では，同じ家族の子孫たちが10世代以上，そこに居住し，働いている．このような場所に生まれたことで，そこに住み続けることが期待されてしまうことは，むしろ重荷である．しかし，社会統制の観点から見れば，都合がよい．そこに居住する人たちは，隣人たちをお互いに知っている．こうした峡谷の出身で，その地域で生まれ，

現在は教師としてその地域に戻ったある人が，私に対してこう述べたことがある．「私は，子どもたちの登校初日に，子どもたちそれぞれの出身地を尋ねる必要がないんですよ．私には，「ganglaget（足取り）」，つまり，子どもたちの歩き方で出身もわかるんです」．

しかし，そのような日々は過ぎ去った．その教師は，昔ながらの近隣社会が存在する峡谷から離れて教育を受けることがなかったために，近代性の例外的存在なのである．普通の教育は，「無視」を生みだす．その人が生まれ育った近隣社会とそこに住む人々に対する無視につながる．生まれ育った地域社会から得られる知識は，抽象的な知識が増えるにつれて，失われていく．近隣社会にかかわる事柄についての知識を交換する場として，家庭の台所は近隣社会における学校であったが，科学を教える学校を卒業した様々な人々にとって代わられている．その必然的帰結として，近隣社会が持っていた精神，知識，さらには統制力というものが失われてしまい，その一方で，警察や人間行動にかかわる専門家が権力や知識とされるものを持ち込んでくるのである．そして，隣人たちは，隣人としての機能を無力化されていくことになる．周囲が見えなくなりそして，危険なものとなっているように思われてくる．社会の基盤は，（近隣社会ではなく）社会統制を主に肩代わりする外部の権力機構によって整備されていくのである．

7　刑罰について

1950年代に遡ると，およそ3万件がノルウェーで公式に「犯罪」として取り扱われていた．いまは40万件以上である．これは，必ずしもこの期間に望ましくない行為の量が増えたということではない．そうでなくて，この事実は，私たちの大半が，そのような行為や行為をした者との関係性を失うような社会状態の中で今や生活しており，それによって，私たちは，起きた出来事について自身たちなりの解釈を作り出す能力をも失ってきたということを意味しているのである．そのような状況においては，法と秩序がより大きな力を持つことが求められ，その結果，刑罰への要求もまた高まるのである．

しかし，ここで再び，私たちが用いている言葉について，その意味を明確

化する必要がある．

　刑罰とは，どういう意味なのか．オスロのフィヨルドに位置するある小さな島の訪問について触れながら検討してみよう．

　5月の美しい日のことだった．鳥たちは，北方の土地で私たちとともに夏を過ごすために南方からやってきたばかりだった．周囲の農地では，労働者たちが土の上で日光浴を楽しみながら体を休めていた．私はその労働者の中に見知った顔を見つけた．何年か前に，彼は複数の重大犯罪で有罪判決を受けていた．

　彼は，開放刑務所に拘禁されていた．バストイ（Bastøy）刑務所がその施設の名前である．かつて，この地は言うことを聞かない悪い子のための場所だった．私の幼少期には，少年たちは，「言うことを聴かないと，Bastøyに行かなければならないよ」と言い聞かされていたものである．現在，ここはノルウェーの刑事政策の文脈においても，また他国のそれにおいても，もっとも緩やかな規律の拘禁施設のひとつとされている．世界中からここにジャーナリストたちがやって来て，ここがもっとも快適な場所だと紹介している．ここでは，ドアに鍵がかかっておらず，普通の農場のような暮らしができ，美味しい食事が提供され，日光浴したり，フィヨルドで水泳もできると紹介されている．

　私は，この刑務所で収容者と職員の両方に講義を行ったことがある．その時のテーマは忘れてしまったが，その講義の最後でのことは記憶している．私は，収容者たちにひとつの質問をした．「皆さんはこの夏の楽園で，まさに多くのノルウェー人が夏休みには最適だと思っている場所に，今いるわけですが，刑務所を出所した後に，数週間ここに滞在しないかと当局から申し出があったらどのような返事をしますか，休日のために滞在するだけですが」と．最初に，収容者たちからは低い声でのつぶやきが聞こえたが，その後，何人かから，「二度とごめんだ」というもっと大きな声が聞こえた．

　刑務所によって，その標準的な設備や，そこで受ける身体的および精神的な苦痛は大きく異なる．しかし，どこの刑務所もひとつ共通する側面を持っている．それは，すべての施設において，苦痛を受けることが，そこに滞在する理由だということである．裁判官によって代表される一般社会は，収容者となる者に一定の苦痛を受けさせる権限を行使することを決定した．たと

え楽園であっても，刑事裁判所がそこへ行くように命じれば，そこは苦痛と恥の場に変化するのである．だから，私たちは刑務所の状態が改善することを恐れなくてよいのだ．刑務所は刑務所なのである．

　しかし，そこは社会を映す鏡でもある．スカンジナビア諸国は，あらゆる人々に対する平等と福祉の理念を持った豊かな国々である．収容者たちの標準的な状態をどの程度落とせば，私たちは，あらゆる人々にとって福祉を産み出している国家であるとする自己認識を損なうことなく，収容者を貶めることができるだろうか．それほど程度を落とす必要はないのではないかと私は思いたい．

　私は，刑罰を次のように定義したいと思う．それは苦痛であり，苦痛であることを意図されているものだと．刑法は，苦痛法と呼ぶべきである．刑法の教授は，苦痛法の教授と呼ぶべきなのである．そう呼ぶことで，その仕事の本質が明らかになる．

　では，刑罰と刑事裁判所に関する私の見解について述べよう．

8　必要な例外としての刑事裁判所

　あなたが住むこの福祉諸国において，なぜ刑罰も刑事裁判所もともに廃止されないのか，もっと民事的な（civil）方法で統制すべき人たちを統制することはできないのか，と問う人たちがいる．

　この見解には，同意する点と同意できない点とがある．私たちが，公式の刑事裁判所やそれに伴う刑罰，すなわち苦痛であることを意図された苦痛を必要としないような社会の様々な仕組みを作るということは，重要な理想である．私がこの社会に対して持つ理想とは，確かに私の国で適用される公式の刑罰の量を減らすために働くことである．私は，比較的刑務所人口が少ない国で生活していることを幸せに思っている．ノルウェーの拘禁率，つまり人口10万人に対しての収容者数は73人である．これは，スカンジナビア諸国では，通常のレベルの拘禁率である．アメリカ合衆国には，人口10万人に対して756人の収容者がいる．この高い拘禁率は，北アメリカ地域にとって宿命的なものではない．なぜなら，カナダは，人口10万人に対しての収容者数は，「たったの」117人なのである．拘禁率は，社会構造を反映

している．

　私は，最少主義者（ミニマリスト）であって，廃止主義者（アボリショニスト）ではない．また，7月22日の悲劇の後も，この立場を変える必要はないと考えている．また，このような状況においても刑罰に対して不信を抱いているのは私ひとりだけではない．最近の新聞やテレビ番組には，告別式や人々が集まる集会で発せられた生存者たちの声が数多く流れている．彼らの声には，ふたつの共通のテーマが含まれている．ひとつは，深い悲しみであり，もうひとつは，この国の基本的な在り方と価値を守ることである．彼らは，この国が1週間前の状態に戻って欲しいと言う．この国の基本的な特長が，今回の行為の結果，変わってしまうことは，悲劇的事件を起こした犯人に勝利を与えることになってしまう．

　すでに述べたように，この国には死刑は存在しない．殺人罪の最長刑期は，21年の拘禁刑であるが，特に危険性が高いと見なされる者には，予防拘禁と呼ばれる処分を科すことができる．非常に稀な場合であるが，そして，それほど数多くの実例はないが，この処分を科された者は，21年を超えて拘禁されうる．

　しかし，これは寛容すぎるのだろうか．私たちは終身刑を導入すべきなのか．あるいは，万が一のために，将来現れるかもしれない狂った人に備えて仮釈放なしの終身刑を導入するのだろうか．さらには，行き着くところまで行き着いて死刑を再導入するのだろうか．

　私は，そのいずれも起こらないことを望んでいる．そうではなく，市民ホールの外で事件の犠牲者たちのために，市の広報担当者が公式見解として述べたように，私たちは，復讐でこれに応えるのではなく，バラを持ってこれに応えよう．または，ある人が述べたように，ひとりの男がこれだけの強い憎しみをさらけ出すことができるのならば，私たちはともに，どれだけ多くの愛を表現できるかを想像しよう．オスロ市長は，次のように述べている．私たちはともに殺人者に罰を与えよう．それは，私たちが，今まで以上に，より寛大で，より寛容で，より民主的な存在になるということだ．

＊　　＊　　＊

しかし，今回の悲劇が起こったことで，刑事裁判所の重要な側面もまた明らかとなっている．

　刑事裁判所というのは，冷静で，合理的な場である．感情は最小限に保たれている．裁判に参加する者たちは，自分の人間性を全面に押し出して表現することを認められず，巧みに監督された舞台の役者として参加しなくてはならない．法律知識や技能を訓練するということは，およそ訓練による無力化であり，その訓練とは，裁判官の面前には何を持ち込んではいけないのかについての教育なのである．刑事裁判官は，被告人は，実際に嫌疑がかけられている行為を行ったのかどうか，という事実について決定しなければならない．そして，次に，課せられるべき苦痛を決定する際には，裁判官は利益考量を行うことになっている．同じような事件には，同じような量の苦痛が課されなければならない．しかし，同じ場所に同じ時間生活していても，双子であっても，人は同じではない．裁判官の面前で，他人と誰かを比較することができるとすれば，それは法廷に提出される情報の量を制限しているから可能なのである．

　刑事裁判所は，その事件について何が起こったのかを分類するための道具として，そして刑法の伝統に従い，何がこの場合にちょうど良い量の苦痛となるかを決定することを担っている美しくかつ重要な人工物である．私は，そのような目的を持ったこれ以上の機関を知らない．そして，刑事裁判所を維持する特別の理由もある．刑事裁判所がなければ，その他の，社会に存在するより不適当な機関が何らかの苦痛を与えようと試み，またはそれを強制するかもしれないが，その苦痛は正義を大義名分に際限がないものとなるかもしれない．

　この危険性は，現代社会において，現在も成長し，強力になりつつある犯罪被害者による運動によって益々高まっている．被害者は，その声に耳を傾けられるべきである．そして，その多くは実現され，特に警察，裁判所，刑務所から被害者により多くの情報が提供されている．さらに，裁判所によっては，昨今，事件との関連性についての法的な制約があるにもかかわらず，被害者が自分のあらゆる物語を語ることが許されるようになってきている．被害者運動は，被害者の権利保障を前進させ，専門家の画一支配を打破するという意味では，賞賛されるべきである．

しかし，限界は必要である．被害者運動は，現在見られるようなその力の強さや被害者の権利の主張を通して，伝統的な刑法や裁判所が持っている重要な手段を傷つけるかもしれない．刑法は，均衡と比例性とを失うかもしれない．もしそうなれば，私たちは刑法を失うことになる．検察官が優位な立場に立ち，より厳罰的な社会への途が開かれてしまう．被害者運動には他の途も開かれていることを知る必要がある．それは，彼らを傷つけた者またはシステムと直接的なやりとりができるような地位に被害者を引き上げる途である．

9 修復的司法——過去をやり直すこと

修復的司法は，何も新しいものではない．人間が生きる場所では，対立が生まれる．国家の力が弱いかまたは王のような絶対権力者がいなければ，地域特有の解決策が生みだされる．その中では，他の者たちよりも権威を持つ者が集まったり，あるいは，地域社会全体が解決に関わることもある．時には，そのすべてが失敗し，地域社会が血の復讐と絶え間ない紛争とに脅かされることもある．

現在，修復的司法と呼ばれている新しい形は，こうした単純な原則に基づいている．一定の人々が集まり，事件の当事者が出会い，事件について聞き，解決策を見つけようと努力するのである．そこには隠されたミステリーはない．

しかし，そうした古来の解決策には，私たちが刑事裁判所に見い出していることとは基本的に異なる点がふたつ含まれている．第一に，一定の権力を基盤としたものではないことである．当事者間で合意すれば問題ないが，合意できなければ暴力の脅威が立ち現れる．第二に，彼らには刑罰を科する権力がないことである．人々は，紛争を収めるために，何らかの平和状態を作り出すためにそこに集ったのである．このような歴史の過度な単純化は，歴史家を困惑させてしまうだろうが，私は，私の生きる社会における苦痛の賦課を減らすことを望む（刑罰）最少主義者として，過去からこれ以上のことを必要としない．私は，修復的司法，またはノルウェーで言うところの「紛争解決委員会」と読んでいるが，これらの方法について，私たちの多くが共

有する重要な価値に従って，解決への途を見い出す主要な方法であると考えている．

しかし，刑罰の問題に至っては，完全なる廃止論者ではなく，弱気な最少主義者であることの理由も示そう．苦痛に見合う正義が行われることを確保するために，刑事裁判所は，そこで受け取ることのできる情報を制限されている．修復的司法のための委員会では，そのような制限はない．他方で，情報を知れば知るほど，当事者たちは，お互いに理解し合えるような状況の中で，まったくの人間同士として自己表現すればするほど，紛争解決のためのより平和的な解決策を見い出す可能性も高まる．しかし，このような紛争解決のための唯一の代替策としての紛争解決委員会に，しばしば隠された形で，苦痛を課するという役割が与えられるとすれば，それは極めて不適当なことである．そうなると，当事者はお互いに後退し，刑罰の量を増加させるかもしれないような事実が表に出ることはなくなるだろう．それでは修復はかなわない．委員会は，刑事裁判所の複製物のようなものになり，それは粗悪な複製物である．

修復的司法のためのミーティングに見られる長所は，紛争の当事者たちが中心的な役割を与えられることにある．当事者たちの物語が，それも完全な物語が，そこでは考慮されるのである．若者が老夫婦の住むアパートに押し入ったという例を見てみよう．若者たちは，ブランデーが欲しかったが，他方，老夫婦のほうは，彼らが自分たちを殺しに来たと思っていた．両当事者がそれぞれの物語を語った．だんだんと今回の悪事の意味が明らかとなり，その場の配役が変わった．老夫婦は，祖父母のように，若者たちは孫のように変わっていったのである．彼らは，委員会での話し合いが終わった後，同じエレベーターに乗り帰って行った．

10　しかし，それは有効なのか？

この節のはじめに，この問いはふさわしくない．私たちが犯罪と刑罰について議論するときは，基本的な価値が何より優先されなければならない．窃盗犯の額に警告を示す焼印を入れて，彼らが自由に窃盗行為を繰り返すことを防止するというのは簡単である．こうしたことが行われていたのと同じ時

期に私たちも同じことをやっていた．あるいは，非行行為を行った子どもに対して，公共の場で鞭打ちによって血を流させることも行われた．さらには，司法精神科医が私たちに危険だと述べたような人たちを生涯閉じ込めておくのである．私たちはそうしたことはしないし，そうすることもできない．国家の刑罰制度は，社会を映す鏡を産み出す．刑罰制度は，私たちが何者かを語る．そこに映し出された像は，私たちの多くが持つ基本的な価値からすれば受け入れられないものとなる．

　こうした手段の選択は，私たちが何と戦うために刑罰制度を用いるかを考える場合にも行われるべきである．私の考えでは，多くの先進国で適用されている過酷な薬物犯罪に関する法律は，私たちにとって受容可能な刑罰制度を維持するにあたって最大の脅威のひとつとなっている．1985年に，フィンランドの研究者 Kettil Bruun と共著で刊行した本のタイトルは，「都合が良い敵（The suitable enemy）」というものであった．「都合が良い」のは，違法薬物のことである．主要な死因であるタバコやアルコールではなく，それを摂取することで，何らかの快楽が得られたり，それを提供することで誰かが金持ちになることができる，タバコやアルコール以外の様々な物質のことである．ノルウェーの3分の1の受刑者は，何らかの薬物関係の犯罪によって収容されている．私たちの刑罰に向けたエネルギーは，そんなことに使われるべきではないし，もっと別な課題に向けられるべきである．

　この点について，最後に少しだけ指摘しておきたいことがある．修復的司法については，それが持つ価値の点から，また再犯への影響の点から良い評価が得られているようである．ここでは，特に関連する先行研究として，Sherman and Strang（2007年）を挙げておく．この研究は，無作為抽出で選ばれた加害者のグループが被害者と出会うというコントロールされた実験調査であるが，一定の罪種について，修復的司法のためのミーティングに参加することを望みながら参加しなかったグループと比較して，参加したグループの再犯率の方に顕著な減少が見られた．過ちをおかした者にとっては，将来にわたって自分の目で直接被害者を見て向き合うこと，そして，そのような状況において「申し訳ない」という謝罪を明示できることが有意義であると言える．被害者にとっては，もっと大きな意味を持つであろう．しかし，成功したという確証がなくても，修復的司法は，意義のあることと思われる．

それは，紛争がいかに取り扱われるべきか，ということの基本的な価値を重視するからである．

11　マントラとしての「発展」

　かつては，私たちは神を信仰していた．今や進歩 (progress) を信仰している．「発展 (development)」はいわばマントラなのである．停滞することは危険なことである．私たちは，進み続けなければならない．私たちの選んだ政治家は，そういうメッセージを繰り返し繰り返し復唱している．

　1992年に，この話題について興味深い本が刊行された．ヴォルフガング・ザックス (Wolfgang Sachs) が編集した小論集 The Development dictionary (＝ヴォルフガング・ザックス編，イヴァン・イリッチ他著，三浦清隆他訳，『脱「開発」の時代——現代社会を解決するキイワード辞典』〔晶文社，1996年〕) である．その中心的な論考において，グスタボ・エステバ (Gustavo Esteva) は，議論の出発点として，ハリー・トルーマン (Harry Truman) が1949年1月20日にアメリカ合衆国大統領として就任したときに述べた次のくだりを引用する．「……われわれは，新しく，大胆な試みに着手しなければならない．科学の進歩と産業の発達がもたらしたわれわれの成果を，低開発国の状況改善と経済成長のために役立てようではないか」（訳文は，三浦清隆訳・前掲書18頁より引用）．

　「『低開発』の概念は1949年1月20日に誕生した」とエステバはそっけなく述べている（前掲書7頁．訳注：日本語訳は前掲書19頁）．さらに，彼はこう続ける．「この日，このレッテルを貼られた人びとは20億にのぼる．文字どおりの意味で，彼らはその日からあるがままの多様な存在ではなくなり，他者の現実の姿をあべこべに映しだす鏡におとしめられた．鏡は彼らを卑下させ，発展を待つ行列の最後尾に追いやった」（訳注：前掲書19頁）．また，前掲書に所収されたイヴァン・イリッチ (Ivan Illich) の論考によれば，「元来が賢い人という意味のホモ・サピエンスの精神と感覚を，ニーズはホモ・ミゼラビリス〔不幸な人〕のそれに変質させてしまったのだ」と述べられている[2]（訳注：前掲書130頁．初川宏子・三浦清隆訳．イリッチは前掲書において「ニーズ」の項を担当している）．

豊かさと幸福であることを示す数多くの指標においてトップに位置づけられる国の市民として，私は自分が生まれ育った時代と場所において，自分が幸運であったことに気付いていないわけではない．「古き良き時代はひどい時代だった」とは，オットー・ベットマン（Otto Bettman）の著書（1974年）のタイトルである．このタイトルは，現代社会にも示唆を与えてくれる．150年前，私の勤務するオスロ大学から10分歩いた場所で，最下層にいた子どもの半分は，成人になる前に死亡した（Sundt 1858）．今日，ノルウェーの子どもたちは，恵まれていて，社会福祉制度に守られ，生きていくには適した時代である．子どもではない人たちにとってもまた同様であろう．収入は増加し，寿命は長くなり，病院で受ける医療は無料である．そして，犯罪抑止政策においても，私たちは，（先進諸国が位置する）北方諸国の中でもっとも例外的な存在だと見なされている．
　そして，発展は継続されなくてはならない．私たちの国々に置かれた責任ある権力者たちは皆そう述べている．私は，彼らは間違っていると考えている．私は，スカンジナビアには，もっと多くの価値があると考えており，その中には，刑罰例外主義も含まれるが，極端な発展を推し進めることは，そうした価値を消滅させてしまうことになる．
　発展を求めて遠いゴールに向かって突き進むのではなく，いくつもの駅がある道として，我々自身の歩みを捉えたほうが有意義ではないだろうか．私たちは，その道がどこで終わるのかを知らないし，私たちは，すでにいくつもの魅力的ではない風景を通り過ぎて来たが，同時にいくつもの興味深い風景をも通り過ぎて来た．おそらく，未来は私たちが辿って来た道のどこかに存在しているのだ．

12　社会システムをケアすることについて

　スカンジナビア諸国は，一般的に「福祉国家」と見られており，そしてそう呼ばれている．これに代わる言葉は，スウェーデンに見られる．"Folkhemmet"という言葉だが，英語では「人々の家（the people's home）」と訳すことができる．この言葉は，国家にとっては，並外れた称号となる．この言葉によって潜在的に望ましくない側面も認めることになる．

すなわち，その国は，押しつけがましく，あまりにも権威的なケア提供者としての性格が強いかもしれない．しかし同時に，共通の福祉，強い絆（連帯），協調性の思想が国家の中心に据え置かれるようなシステムでもある．
　すべてのスカンジナビア諸国は，「福祉国家」である．一般的に言ってこの点に議論の余地はない．一方，「福祉国家」は多かれ少なかれ，プライドの問題である．それは，かなりの程度において，私たちが当然だと思っている社会的結びつきのひとつのかたちなのである．
　そして，それは現在も続いているが，最近は，少し脅かされている．福祉国家における基本的な思想は，絶えず脅威にさらされている．収入と生活のレベルにおいて大きな格差を受け入れること，すべてを自由に手に入れることが最善であるとする思考への依拠，あらゆる種類のサービスの民営化，あらゆる種類の専門家が配置された大規模なユニット形式への信仰または少なくとも受容，こうしたことは，かつてスカンジナビア諸国を支配していた福祉思想の多くの点と大きく異なった考え方である．
　そして，突然，私たちは，何を失おうとしているのかを思いださせられた．あの悲劇後の日々は，私の国をひとつにまとめてくれた．オスロは，人々であふれた．悲しみにくれ，重々しい雰囲気の人々が涙を流し，抱擁する中で，首相は自身の態度と表情でそのことを表わした．今回の事件を巡る日々は，稀に見る恐ろしい日々であったが，同時に，国家がひとつになった稀に見る良き日でもあったのだ．
　多くの人々が，公共施設に，街頭に出た．この状態は続くだろうか？　そのためには，何か理由が必要なのか．もし，このまま大規模なユニットを作ろうとするような発展を続け，医療や教育施設，官僚機構，警察システムの中央集権化を続ければ，人々はお互いに遠い存在となり，他者に対して自分たちが役に立つ存在であることがわからなくなり，他者と出会うことができなくなる．人々は，理由なく街頭に出なくなり，そうするための新たな理由を必要とするようになってしまう．
　私たちが，スカンジナビア諸国の社会モデルを維持したいのであれば，注意を向けるべきは，物質的成長ではなく（訳注：社会福祉の援助者がクライアントをケアするのと同様に）社会システムのケアへと向けることが重要だと考えている．私たちに必要なのは，金銭，住宅そして新しい商品ではない．

ケアを必要としている社会システムの基本要素なのだ．ケアを必要としているのは，「福祉国家」や生活を支えているシステムであり，物質的なシステムではないのだ．私たちが，「福祉国家」を取り戻し，これを維持することができるならば，些細な望ましくない行為が生じるリスクを減らすことができるし，同時に7月22日の恐ろしい事件が繰り返されることもないのである．

［注］

1　Hedda Giertsenとの共著により，7月22日の恐ろしい事件が発生した3日後に次の記事を発表した．タイトルは，「ここからより良きノルウェーが育つ」というシンプルなものである (*the Danish newspaper Information* の7月25日号に初めて掲載された)．

2　フランス人のGilbert Ristは，『発展の歴史 (*The history of development: From Western Origins to Global Faith*, ZedBook, 2002 (2 ed.), 2009 (3 ed.), translated by Patrick Camiller)』について，2008年以来このことと同様の見解を述べている．2010年3月に，バルセロナで開催された会議は，まさに「発展を遅らせる必要」というテーマで行われた (*Klassekampen*, 2010年4月7日)．Hans Magnus Enzenbergerは，かつて「撤退の英雄」への敬意について書いている．私たちが賞賛すべきは，帝国を築いた者ではない．帝国を崩壊させた者こそが賞賛に値するというのが彼の見解である (*Information, Copenhagen*, 1998年12月29日号)．

［文献］

Bettman, Otto, 1974, *The Good old Days, they were terrible*, Random House, N.Y..
（＝オットー・L・ベットマン著，山越邦夫他訳『目で見る金ぴか時代の民衆生活――古き良き時代の悲惨な事情』草風館，1999年）

Bourdieu, Pierre, et al, 1999, *The Weight of the World. Social Suffering in Contemporary Society*, Stanford University Press, Stanford, USA.

Christie, Nils, 1971, *Hvis skolen ikke fantes? (If the School did not exist?)*, Universitetsforlaget, Seventh reprint, Oslo.

―― 1975, *Hvor tett et samfunn? (How tightly knit a society?)*, Universitetsforlaget, Oslo.

―― 2010, "Victim movements at a crossroad," *Punishment and Society*, Sage, London, pp:115-122.

Christie, Nils and Bruun, Kettil, *Den gode fiende*, 1985, new editions 1992 and 1995 (Available in Scandinavian languages and Russian).

Esteva, Gustavo, 1992, "Development," in Sachs, Wolfgang, *The Development Dictionary*, Zeed Books, London and New Jersey, pp: 6-25.

Illich, Ivan, 1992, "Needs," in Sachs, Wolfgang, *The Development Dictionary*, Zeed Books, London and New Jersey, pp:88-101.

(＝ヴォルフガング・ザックス編, イヴァン・イリッチ他著, 三浦清隆他訳,『脱「開発」の時代——現代社会を解決するキイワード辞典』〔晶文社, 1996年〕)

Rist, Gilbert, 2008, *The History of Development. From Western Origins to Global Faith*, Third edition, Zed Books, N.Y. and London.

Sherman, Lawrence W. and Heather Strang, 2007, *Restorative Justice: The evidence*, The Smith Institute, London, www.smith-institute.org.uk.

Sundt, Eilert, 1858, *Om Pibervigen og Ruseløkbakken. Undersøgelser om Areidsklassens Kaar og Saeder i Christiania. (Studies of life conditions in the working class in districts in Christiania (Oslo))*, Opptrykk i "Verker i utvalg," Gyldendal, Oslo 1975.

Wildt, Michael, 2003, *Generations des Unbedingten. Das Führungskorps des Reichssicherheitshauptamts*, Hamburger Edition, HIS Verlages, Hamburg.

翻訳：桑山亜也, 監訳：浜井浩一

第2章

社会の変化と日本の少年矯正
教育社会学の立場から

広田照幸（日本大学）　伊藤茂樹（駒澤大学）

1　社会の変化と少年矯正

　社会は非行や非行少年とどう向き合うべきなのか．人々が分けへだてなく助け合い，信頼し合う社会を思い浮かべるなら，非行少年もまた，やり直しに向けて社会に包摂されていくことが必要である．ただし，このこと自体が自明ではない．

　この課題について，社会がなすべき最も大きな選択は，排除か包摂かという選択である．しかし，この二分法は，逸脱者の問題を扱うには，いささか単純すぎる．というのも，彼らはいったんは「社会の敵」として何らかの罪を犯したことはまちがいないからである．そのままの彼らを肯定・許容することには，多くの人がいささかのためらいを感じるであろう．そこでもう少し考えを進める必要がある．

　ジョック・ヤング（2007＝2008：19-20頁）は，われわれの社会の内部にいる逸脱者について，二種類の公的見解・言説がある，と述べている．一つは，「保守的な他者化（悪魔化）」である．「保守的な他者化において逸脱者は異邦人，つまり「われわれ」の価値とは正反対のものだという含みがあ」り，「懲罰的あるいは排除的な政策を重視する」（21頁）．もう一つの見解・言説は，「リベラルな他者化」である．それは「他者をわれわれのような素質や美徳が不足しているとみなすこと」であり，「教育と社会復帰という包摂的施策を重視する」．

　この見方が興味深いのは，包摂を志向するリベラルな立場もまた，逸脱者

を「他者化」している，という指摘である．「リベラル派にとってかれらは，援助され，操作され，教育と仕事の訓練を通じて順応させなければならない他者である．ここには包摂の政治があるものの，しかしそれは退屈な仕事とわずかな報酬，ほぼ自明視されている現状の不平等構造というシステムへの包摂なのである」(27頁)．つまり，「かれら」は「われわれ」ではない存在であり続ける．

それゆえ，ヤングは，もっと根本的な解決を求める．「われわれの任務は，経済的不正の諸問題に正面から取り組み，真の多様性をもつ社会を建設し育む，変形力のある政治を築くことである」(30頁) と．

われわれは，ヤングの提案するこの解決策を支持しつつも，同時に，リベラルな他者化を肯定したい．それは次のような点においてである．

確かに，ヤングがいうように，社会のあり方のレベルで改善がなされることが必要である．一つには，多くの逸脱者（ここでは非行少年）自体が，法の侵犯者・加害者であるとともに，雇用・福祉・教育全体から疎外されてきた結果であるともいえる．少年院に入ってくる多くの非行少年は，十分な資源や機会に恵まれない環境のもとで育っており，それは昔も今も変わりがない．

もう一つには，少年院を退院した少年が，希望や自信を持ってやっていけるような環境になければ，再非行や再犯を抑止することはむずかしい．少年院出院者が出院後にどこにも居場所を見出せず，昔の不良仲間のネットワークだけが彼／彼女を受け入れてくれるような状況であれば，いくらすぐれた矯正教育を行ったとしても，再犯防止の効果は薄い．

つまり，何よりも，雇用・福祉・教育全体の組み直しの問題（宮本 2009 など）こそが重要であって，それらが十分に包摂的であるという条件の下で，少年矯正が十分な効果を上げることができる，というふうにいえる．「教育が単独でできることは限られている」（ヘンリー＆ケリー 1997=2005）のである．だから，ヤングがいうように，社会の側の制度や構造を変える努力が必要である．

しかしながら，われわれは，非行少年をわれわれにとっての他者としてみなし，「われわれのような素質や美徳が不足しているとみなすこと」もまた必要だと考える．というのも，先に述べた「雇用・福祉・教育全体から疎外

されてきた結果」として，少年たちの大半は，知識や価値に関する適切な学習の機会を奪われてきているからである．彼らはそのままでは社会から肯定されないし許容されない．あらためて学び直してもらう必要がある．

　このことは，次の二つの点でポジティブな意味をもっている．一つには，他者として扱われ教育・訓練の対象となる環境におかれることによって，彼らは多様性のある生き方が可能になる．入院前の家族関係や交友関係の狭い世界をこえた，別の生き方が必要な少年が少なくないが，彼らには手持ちの知識や経験が少なすぎる．ヤングがいうような不平等構造の底辺に滞留してしまわないためには，彼らは十分に学ぶ機会が与えられねばならないのである．

　もう一つには，長い時間軸で考えたとき，彼らはいつまでも「彼ら」（＝他者）のままではない．処分期間を終えて「われわれ」の隣人の一人になったときに，コミュニティの一メンバーとして十分な資質や能力を持った存在になってもらわないといけない．何年もたつと，もはや誰にも昔のことがわからなくなるような生き方をしてもらわないといけないのである．そのために一定の期間，彼らを教育・訓練が必要な「他者」として扱うことが必要だとしたら，それは「われわれ」からのこっそりとした排除ではなく，むしろ，「われわれ」を生み出すための他者化，ということになるだろう．

　つまり，非行少年を包摂できるような社会を考えると，一方では，構造的に「他者」（＝逸脱者）を作り出さないような十分な社会福祉や雇用のシステムが必要であると同時に，もう一方では，非行少年を「他者」（＝教育・訓練を必要とする者）として適切な処遇を行うことで，「われわれ」の中に組み入れていくことが必要だ，ということである．

　しかしながら，問題はもう一つある．「保守的な他者化」のまなざしをどう考えるのか，という点である．世界観レベルでの立場選択の問題であると考えてしまうと，無視してもよいのかもしれない．しかし，多数者が逸脱者を受け入れる社会を作るうえでは，大きな障害になる考え方であることは確かである．この問題に触れつつ，本稿のねらいを論じたい．

　広田・平井（2007）は，「少年の悪魔性・怪物性（というイメージ）に対するいらだちやおののきを表明し，カタルシスを得ることそれ自体を目的としている」ような発話が，現実の少年院の実態とは無関係に，少年院処遇

に対する機能不全感を広げていることを問題にしている．そして，情報公開が進めば進むほど，「少年院処遇によって達成される成果や少年院が持つ教育的風土に対して社会的反発が生じる，といった事態が生じないともかぎらない」と述べている（18・19頁）．日本の少年院は，包摂的な理念にもとづく教育・訓練によってそれなりに効果を挙げている（広田 2009）．だが，少年院におけるリベラルな包摂の実践が世間に広く知られるようになったとき，保守的な他者化の立場からの反発を浴びることになるかもしれない，ということである．

　このジレンマに対して，広田・平井（2007）は，①当局に対して，処遇の効果だけでなく限界も含めて，注意深く情報公開を進めること，②研究者に対して，現実の少年院が果たしている機能を実証的なデータをもとにして丁寧に解明し，それを社会に向けて発信すること，の二つを提言している．

　本稿では，後者の観点から，われわれが進めてきた実証研究の成果を紹介する（第2節）とともに，現在進んでいる動きに触れる（第3節）．そのうえで，今後何が必要なのかを論じてみたい．

2　これまでの考え方と実践

(1) 少年院での調査研究

　歴史的に振り返ると，日本の少年院は，1970年代後半以降，教育・訓練の機能を着実に充実させてきた．1977年にはいわゆる「少年院運営改善」が実施され，①施設内処遇と施設外処遇の有機的な一体化，②処遇の個別化と収容期間の弾力化，③施設としての特色化，④関係機関・地域社会との緊密な連絡協調の4方針が打ち出され，現在に至る処遇体制の基礎となる方針となった．さらに，1980年には教育課程の編成・運用，成績評価の運用の基準が定められ，生活指導・職業補導・教科教育・保健体育・特別活動の5領域が少年院の矯正教育の柱として立てられた．90年代以降には，新たな課程が設置されたり（例えば，外国人少年向けや職業能力開発課程など），しょく罪指導の導入，就労支援・就学支援の充実，保護者に対する措置の制度化がなされたりして，様々な改善が積み重ねられて現在に至っている．

　そうした少年院での教育実践に関しては，もっぱら矯正職員を会員とする

日本矯正教育学会や，矯正職員向けの『刑政』誌などで，盛んに研究報告がなされている．しかしながら，主に実践的な関心（「どうすればもっとうまくやれるのか」）にもとづくものが多いうえ，矯正職員自身が研究を手がけているため，客観的な意味や機能の検証という点では，どうしても限界がある．

そこでわれわれは，教育学・社会学・心理学などの研究者で研究チームを作り，2005年暮れ以降，法務省矯正局に研究の趣旨と意義を了解してもらい，少年院での調査研究を行ってきた．念のために書いておくと，われわれが矯正局との間で取り交したガイドラインには，研究の客観性を担保するために次のような文言を入れさせてもらった．「なお，この研究成果は，あくまでも公平無私な『研究の論理』による学術的論文として公表されます．それゆえ，必ずしも短期的な改善の提案を行うことを目的としていないこと，および，現状の問題点が浮き彫りになったり，実務上の意義が薄いようにみえる場合もあったりすることを，あらかじめご了承ください」．最後にあらためて触れることになるが，行政的な関心からではなく，学術的な関心による研究の公正さを失わないための配慮からである．ただし，こうした取り決めをしたうえでの調査を了解してもらうためには，矯正局の関係者との間での協議を通じて調査の意義について十分納得してもらう作業と，研究グループのメンバーへの十分な趣旨の徹底とが前提になっている．それだけでほぼ1年間を費やした．

そのうえで，2006年11月から2008年1月にかけて，東日本にある男女各1か所の少年院においてフィールドワークを行った．具体的には，1日から最長9日間にわたる現地調査を数次にわたって行ったほか，学園祭，運動会などの行事の参観，学園祭の準備期間における継続的な観察に加え，文書資料の収集である．フィールドワークにおいては，ほぼすべての授業プログラムと朝礼など，教育棟における活動と，寮における食事，清掃，自主学習などの活動を一度以上観察し，一部はビデオ録画と録音，それができなかった場面についてはフィールドノーツへの記録を行った．さらに，教官，外部講師及び篤志面接委員，少年へのインタビューを行い，これらはすべて対象者の承諾を得て録音した．なおビデオ撮影と録音については，少年院側を通じて全少年とその保護者に個別に承諾を得ている．得られなかった少年

については，集団指導場面でビデオカメラのアングルに入らない位置に着席してもらうなどの方法で，一切撮影は行っていない．教官と少年の中には，複数回のインタビューを継続的に行った者も含まれる（調査結果の詳細については，広田ほか 2009，伊藤 2008 などを参照）．

また 2009 年 11 月から 2011 年 2 月にかけては，全国の少年院在院者及び教官対象の質問紙調査を行った．これは，全国の少年院のうち，医療少年院，特殊教育課程のみを置く少年院を除く 47 庁において，外国人など，調査票を読解し回答することが困難と思われる少年を除く全在院者を対象に行った「少年ベース調査」（有効回答数：3,465），長期処遇を行っている男子少年院のうち 25 庁において，「少年ベース調査」実施時に新入時期であった少年を対象に，中間期，出院準備期において各 1 回ずつの追跡調査を行った「フォローアップ調査」，同じく少年院 47 庁の教育部門に勤務する職員を対象に行った「職員調査」（有効回答数：1,408）から成る（調査の結果の詳細については，伊藤・五味 2011，村山 2011 を参照）．

こうした調査研究を通して，現実の少年院処遇には，様々な問題や課題がある一方で，これまで総じてかなり成果をあげてきていることも明らかになってきた．

本節では，日本の少年院における矯正教育が成果をあげているとするならば，それはどのような点においてか，また，それはどのような実践の構造によって成り立っているのかについて，われわれの研究成果を紹介することにする．

(2) 信頼関係に立脚した変容への導き

少年院における矯正教育の内的な構造の特質として指摘できるのは，それが教官と少年の信頼関係に立脚して，少年の変容を促すように構造化されていることである．非行を行った少年に対して，教育する側が信頼するというのは一見すると意外であるが，その事実が教育の効果を高めている．このことは，われわれが行ったフィールドワークにおいて見出された．

教官と少年の信頼関係

少年院における矯正教育は，例えば学校教育に比べたとき，構造的な困難を内包していると言わざるを得ない．その困難とは，法に基づいて非行少

年を拘束したうえで教育を行う施設であるため，教育と同時に保安の確保や統制を厳しく行わなければならないということに由来する．しかも日本の少年院では，刑務所や諸外国の少年施設とは異なり，保安専門の職員は配置されておらず，教育と保安の役割双方を法務教官が担っている．また，保安上の理由や，出院後に共同して非行を行うことを防ぐ観点から，少年相互のコミュニケーションを厳しく制限しているため，少年ら同士が自発的かつ共同的に学んでいくことにはあまり期待できない．

　このような，教育を行ううえで構造的に不利な条件を克服して矯正効果を上げることが求められているのであるが，その鍵の一つが，教官と少年の間の信頼関係である．これはまず，教官から少年への誠実で辛抱強い接し方によって基盤が築かれる．少年たちは全般的に能力が高いとは言えず，大人に対して強い不信感を持っている者が大部分であるが，そうした「教育困難」な少年に対して，教官は一人も置き去りにすることなく，親身に，公平に接していることは観察者の目にも明らかであったし，少年たちもそのことにしばしば言及する．

　このようにまず教官が少年を尊重して公正に接することにより，少年も教官を信頼するようになる[1]．これは，少年らが院内での秩序化に参与するといった結果をもたらし，それによって矯正教育がよりスムーズに，効果的に進むようになる．

　また同時に，信頼関係が存在することにより，教育と統制という，本来両立が難しい課題の両立が可能になる．例えば，少年同士が言葉を交わす必要があるときには，その都度教官の許可を得ることが求められているが，教官を信頼する少年は，そのような形でも教官とコミュニケーションをとることで安心を得るという面がある．また，常に監督，監視の目がある環境も，監督，監視しているのが信頼できる教官であるなら，むしろ「見ていてもらえる」という安心感につながる．このような形で，信頼関係によって教育と統制を矛盾なく遂行することが可能になり，教育の効果が上がっているのである（以上，伊藤 2008）．

ストーリーの書き換えから変容へ

　このような信頼関係に立脚する矯正教育の意味と効果については，田中（2008）の論考が参考になる．田中によれば，近現代における教育一般に

おける理念は「自律性の形成」であり，そのためには自己肯定感が不可欠である．この自己肯定感の源泉は，「理想的な自己」が「なまみの自分」を規律・制御するときの喜びであるが，非行少年はこうした経験に由来する自己肯定感を持たず，自己否定的な自己形象を形成してしまっていることが多い．これを解体し，自己肯定を生成するためには，成功体験と信頼関係が必要である．そして，少年院においてはこの両者が提供されている．

　少年院に入院するまでの非行少年の多くは，家庭環境の劣悪さや学校で置き去りにされた経験から，成功体験を積むことも信頼関係に身を置くこともなかった．これは，自分の未来について考えることを阻み，「自己物語」を持ち得ないことにつながっている．この観点からは，少年院での矯正教育は，信頼関係の構築と成功体験を通じて，少年に未来についての「自己物語」の構築を促す，あるいは過去についてのネガティブな物語の書き換えを促すものと見ることができる．

　この点については，われわれの調査過程において仲野（2008）が教官と少年の面接場面の観察から検証している．少年は自分の過去や現在について「問題の染み込んだストーリー」を教官に語るが，教官はその問題性を指摘し，それに代わって新たなストーリーを少年と協働的に見出していく．それは，自分の問題を過去の経験をリソースとして語る語り方から現在，さらには未来の経験をリソースとして語る語り方への変化であったり，個人に内在する要因（＝過去の体験や性格）に帰属させる語り方から，社会や人との関係において考える語り方への変化であったりする．こうした語り方の変化は，決して教官が押しつけるのではなく，教官がまず「問題の染み込んだストーリー」を丁寧に受け止めることによって，少年は心を開いて語ることが可能になる．そこから教官は，語りの問題性に気づくよう少年に促していくのであり，そこでは互いの信頼関係が基盤となっていることは言うまでもない．

　このように少年の語りが在院中に変容していくありようは，そこで少年が少年院と関わらせて同定する「自己」のあり方の変化として描くこともできる．稲葉（2009）はわれわれのグループの調査過程において，少年院に再度入院した少年への継続的なインタビューを分析し，これを明らかにしている[2]．この少年は（再度）入院した当初，「再入少年」と自己同定していたのが，これがやがて「普通の社会とは違う空間」において「特殊な規律に苦し

む普通の人間」へと変化し，さらに出院が近づくと，「普通の人が住まう空間」における「社会の成員に等しい普通の人間」へと変化していったという．第三者が見ると少年院は特殊な環境であるが，在院少年はそこに，多種多様な（＝必ずしも気が合う者ばかりではない），しかし普通の成員がルールを守る公共空間という性質を見出し，自分が帰っていく外部の社会へと接合していく．そして，こうした形で「更生」は公共的な性質を持っている．もちろん，こうした社会／自己の位置づけの変化も，教官及び他の少年との相互作用において生じている．

変容へ向けての「仕掛け」

以上のように，少年が変容し，更生へと近づいていくプロセスは，教官が「仕掛け」，他の少年や家族なども関って協働的になされるものである．少年が更生に至るプロセスは，少年院での生活において生じる様々な外的／内的な「変化」のうちのいくつかが，望ましい「変容」として意味づけられ，最終的に社会的に望ましいとされる「更生」へとつながっていく（仲野・木村ほか 2008）．少年の院内生活においては，観察可能な身体や言語表現などの変化が様々に生じ，これは少年と教官双方によって認知される．それは，双方によって内的な変化のあらわれと解釈されることがあるが，教官はそれらの中から「望ましい」と思われるものを変容として意味づけるとともに，そうした変容のきっかけを作り出すことを意図して働きかけている．

またその際，①教官と少年の関係，②少年同士の関係，③少年と家族の関係がしばしば活用される．①については，担任教官と少年の関係は一般に密なものであるが，軋轢やトラブルなども珍しくない．しかしそれは，単に解決がめざされるだけでなく，これを通じて少年の変容を図るべく教官が活用するようなことはよくある．②については，少年同士の関係は制限されているため，直接的なコミュニケーションを通じて彼らが影響し合い，変容につながるということは起こりにくいが，少年が互いを良いモデル，悪いモデルとして参照し合ったり，教官が彼ら同士の関係（トラブルなども含めて）を，望ましい変容へと導くための機会として活用することはしばしばあり，ここに，集団教育の場としての少年院の意味を見出すこともできよう．また③においては，親子関係を問い直したり見直すといったことが，やはり関係そのものの変化のみならず，少年自身の変容へのきっかけとして活用されること

がよくある．

　少年院の環境は，それ自体としてアプリオリに変容や更生につながるものではない．非行少年を大量に収容し，生活をともにさせるだけであれば，少年たちは非行文化を学習したり，力が支配するような入院前の関係を再現するだけで，むしろ再非行を促す場になってしまう．しかし，教官は少年らの行動やコミュニケーションを，保安的な意味のみならず教育的にも周到にコントロールし，あるべき変容や更生へと促す機会として活用するべく働きかける．そしてこれによって，多くの少年が，さほど長期とは言えない在院期間中に，なにがしかの変容を遂げ，出院後も続く更生へ向けての道筋に可能性をつないでいく．

　しかしそれは，なりゆきに任せて達成される目標では決してなく，また強制的に導かれるような指導でもない．教官はまず，自ら主導して少年との間に信頼関係を構築することで，望ましい変容が生まれる素地を作る．そして，他の少年とともに生活する，特殊で制約の多い環境を，むしろ変容へのきっかけが様々に潜在する場と位置づけて活用するなどの「仕掛け」を様々に用意しているのである．

(3)　「不可視な矯正」

　このような形での矯正教育が可能になっている基盤には，いくつもの要因があると思われる．例えば，法務教官のモラルやモラールが高いことや，教官一人あたりの少年の数が比較的少なく，きめ細かく接することが可能であるといった基礎的な条件も指摘できよう．しかしここで注目したいのは，矯正教育が行われる社会的文脈である．

　少年院における処遇に限らないが，日本の矯正は，良くも悪くも社会から隔絶された場で，一般市民には不可視なところで行われてきたと言えよう．施設内処遇が物理的に隔絶された環境で行われるのは当然のことではあるが，単にそれだけではなく，矯正や更生がどのように成し遂げられるのか，人々はほとんど知ることがないという状況が続いてきた．そしてこの「不可視性」は従来，矯正にとって順機能的に作用してきた．

　一般市民にとって不可視であることが矯正教育にとって重要であった背景としては，前述したような少年院内部での矯正のプロセスが，社会が想像，

期待するようなあり方とは隔たっていることが挙げられよう．社会は罪を犯した者に対して，それが少年であっても，まずは反省，贖罪を求め，矯正側に対してはより厳しく加罰的に接することを期待しており，こうした傾向は近年さらに強まっている．しかし少年院での矯正教育は，彼らに成功体験を積ませ，自己肯定感を育むような形で，ある意味受容的に行われている．これが更生にとって不可欠であることは先に見た通りであるが，こうしたあり方を社会がにわかに受け入れるとは考えにくい．そのため，内部のプロセスについては不可視なまま，再犯率の低さなどの結果のみを見せる方が好都合だったのだと考えられる．

ただし，ここで言う矯正の不可視性とは，すべてが外部に対して閉ざされてきたという意味ではない．外部から見えにくい一方で，少数の部外者が人知れず矯正に積極的に関わり，多大な貢献をしてきたという事実もある．そして，これも「不可視な矯正」にとって不可欠な一面だったと見るべきであろう．

少年院においても，篤志面接委員や外部講師，院外委嘱職業補導に協力する事業所，更生保護女性会など，更生に協力する民間人や資源は多い．そして，こうした人材や資源が豊富でそれらを活用している（できる）施設ほど，矯正効果を上げてきたと言ってよいように思われる．こうした例として，青葉女子学園における表現教育や性教育（中森・名執　2008），有明高原寮への地域社会のサポート（有明高原寮広報委員会編　2009）などが挙げられる．前者は，外部社会でも高い評価を得ている人的資源を活用できているし，後者は一般の学校すらなかなか得られないようなサポートである．

また，少年たちはやがて社会に帰って行く存在である以上，最後まで施設の中の閉ざされた環境において矯正教育を受けるだけでは，社会復帰はスムーズに進まない．外部社会とのつながりを完全に閉ざすことは，むしろ更生にとって阻害要因となる．そこで，特に中間期，出院準備期においては，外部との関わりの機会を増やしていくことが重要なのである．つまり，一般には不可視でありながら，一部の市民からは貴重な協力，援助を得て矯正教育は行われてきたのであり，そうしたあり方が効果につながってきたのだと考えられる．

少年院の内部と外部の関係は，単純ではない．外部から見ると内部は不可

視であり，そのことが不要なノイズを遮断し，信頼関係や成功体験を軸とする矯正教育を可能にしている．一方内部から見ると，外部は全く見えないわけではなく，外部の資源が必要性や利用可能性に応じて周到に取り入れられ，矯正効果を高めている．少年院は一般市民の目には滅多に入らないが，かといって人里離れたところで孤立的に矯正教育を行っているわけではないのである．

とはいえ，このような順機能は，少年院の中で矯正教育を行っている限りにおいてのものであるという限定をつけなければならない．少年院の中で少年がいかに反省し，改善を示したとしても，それをもって最終的な目標としての「更生」を果たしたとは言えない．言うまでもなく，更生とは社会に出てから再び非行や犯罪に手を染めず，まっとうな社会人として生きることを意味する．そして社会においては，法務教官のように親身になって更生を手助けしてくれる他者に恵まれる可能性は必ずしも高くなく，かつての非行仲間からの誘惑や，社会の厳しい目によって就学や就業の機会が閉ざされるといった「逆風」を受ける可能性の方がずっと高い．また，更生の可能性を高める就職については，入院中に決定していれば更生の可能性は高まるが，決定して出院していく少年は少ないという現実もある[3]．

こうした事実に目を向けると，これまで大きな効果を上げてきた，教官と少年の信頼関係に立脚した，社会的には「不可視な」矯正のあり方は，曲がり角に来ていると見るべきであろう．高い矯正効果を維持しつつ，今後の社会において現実的な少年矯正のあり方としては，どのような形があり得るのであろうか．次節で検討する．

3 新しい動き

(1) 開かれた矯正

不可視な領域に置かれることで総じてうまくいってきた日本の矯正であるが，その形で続けることは困難になりつつある．そこで，新たな方向性の模索が始まっている．

その方向性とは，「市民に開かれた矯正」とまとめることができよう．従来，限られた一部の市民以外に対しては閉じられ，一般市民からは不可視な

領域に置かれてきた少年矯正であるが，いくつかの理由によりその形のまま維持することは困難になりつつある．

　その理由としては，まず少年非行に対する社会の関心，とりわけ批判的な関心の高まりがある．少年非行が凶悪化しつつあるとか，量的に増加を続けているといった見方に根拠がないことは，研究者によって度々指摘されてきたが，それが理解され，広く受け入れられることはほとんどなかった．むしろ逆に，重大な少年事件が報道されるたびに「保守的な他者化」のまなざしが強まり，それによって，少年法をはじめとする制度の不備，とりわけそれらが非行少年に「甘すぎる」ことが主張されてきた．こうした批判的なまなざしは，少年院に対しても向けられ，矯正効果を上げていないことなどが主張される．多くはやはり根拠を欠いたものであるが，根拠に乏しい批判を向けられることの背景には，少年院自体が不可視であったことも関わっているのはうたがうべくもない．

　また，少年院の存続という問題も指摘できる．行政改革や効率化の波は矯正の領域にも及んでいる．従来の制度や組織が無前提に存続できる状況ではなくなり，少年院も「説明責任」を果たすことが求められている．一方，若年人口の減少と少年非行そのものの減少傾向（それ自体は望ましいことであるが），さらには「厳罰化」による逆送の増加も相まって，少年院の収容数は減少傾向にある．

　このような状況下で少年矯正が従来の良さを維持しつつ「生き残っていく」ためには，それを一般市民に対して可視的な形へと開き，成果を示すとともに，一般市民の力も借りて成果をさらに高めていくという方向性が必要となろう．また前述したように，少年院での矯正教育は効果が高くても，非行少年の更生という目標に到達するためには，出院後の支援も必要であるが，これを少年院で行うことには限界があり，社会の協力が必要であることは昔も今も変わりない．従来はそれも不可視な形で行われてきたが，そうした形で得られる資源には限りがあり，今後はより開かれた形で幅広く支援を受けることが不可欠と思われる．

　こうした方向への動きは既に始まっている．その例として，まず少年院出院者の自助グループである「セカンドチャンス！」が挙げられる（セカンドチャンス！編 2011）．元法務教官である大学教員をはじめ，弁護士や一般

市民らが中心となって2009年に設立され，2010年にNPO法人となったこの組織は，一義的には自助グループであり，この点でも従来少年院出院後の非行少年が持つことのできなかった資源であるが，それにはとどまらない．「セカンドチャンス！」は従来，人知れず更生への道を歩んでいた元・非行少年が我々と同じ社会の一員であること，彼らが様々な困難を抱えていること，そして彼らが社会に貢献する意志を持っていることを広く社会に訴え，一般市民と互酬的な関係を築くことを志向している点で，社会運動の特質も併せ持っている．つまり，元・非行少年の社会への包摂を彼ら自身が訴えている点で，従来の「不可視な矯正」とは全く異なる可能性を持っているのである．

　また，少年院の現場においても「開かれた矯正」への動きは見られる．例えば，「被害者の視点を取り入れた教育」である．緑川（2009）によれば，少年院においてこのような教育は以前から様々な形で行われていたが，2005年からすべての少年院において正式に導入された．これは，少年事件の被害者への共感が社会において劇的なまでに広がってきた状況を背景に，少年院における矯正教育を，前述した成功体験と信頼関係の構築といった，いわば矯正に内的な論理に立脚したものとしてのみならず，社会的な期待にも応えようとするものと位置づけることができよう．そして「被害者の視点を取り入れた教育」においては，少年事件の被害者や被害者支援団体の関係者などのゲストスピーカーを招くことが広く行われるようになっており，一般市民を少年院の内部に招いて矯正教育に参加してもらう動きと位置づけることができる．

　また，在院者の保護者についての措置もこの文脈に位置づけ得ると思われる．2007年に行われた少年院法の改正においては，少年院長は在院者の保護者に対して，少年の監護に関する責任を自覚させ，矯正教育の実効を上げるため，指導，助言その他の適当な措置をとることができると定められ，同年の矯正局長通達により，保護者を少年院での処遇に参加させることも広く行われるようになった．保護者は「一般市民」とはやや異質な存在ではあるものの，少年院の教官以外の社会成員に矯正教育に関わってもらうという意味では，市民に開いていく動きの一つと見ることができよう．

(2) 少年矯正を考える有識者会議

　さらに，もっと大きな枠組みのレベルでの見直しも進んでいる．これまでの少年院のあり方全体を見直す動きである．そこでは，これまで以上に社会に開かれ，社会とのつながりを強めた少年院像が打ち出されている．

　2009年4月に発覚した広島少年院における一連の不適正処遇事案が契機となって，法務省に「少年矯正を考える有識者会議」（以下，「有識者会議」）が設置され，2010年の約1年間，検討が行われた．私（広田）も座長代理として加わったこの有識者会議では，少年院のあり方についてたくさんの問題点が出され，見直しや改善にむけた提言が2010年12月にまとめられた．

　有識者会議の中では，特に広島少年院の事案の再発防止が重要なテーマとなり，閉鎖的な施設空間での処遇が持つ不透明性の問題が，きびしく問われることになった．例えば，「現在の少年院・少年鑑別所が社会に対し，とかく閉鎖的になりやす」く，「在院（所）者の権利義務関係が明確ではなく，職員の権限に関する規定も不十分であるため，場合によっては，職員と在院（所）者との関係が職員に正しく理解されず，独善や万能感を生じさせるおそれがある」といった点が問題点としてあげられた（引用部分は有識者会議の提言）．

　そして，提言では今後必要な改革の基本的方向として，次の5つを掲げている．

　　1　少年の人格の尊厳を守る適正な処遇の展開
　　2　少年の再非行を防止し，健全な成長発達を支えるための有効な処遇の展開
　　3　高度・多彩な職務能力を備えた意欲ある人材の確保・育成
　　4　適正かつ有効な処遇を支えるための物的基盤整備の促進
　　5　適正かつ有効な処遇を支えるための法的基盤整備の促進

　細かな説明をする余裕はないが，一つのポイントは，いままで閉鎖的であった少年院矯正を見直し，社会に向けて開いていく一連の施策案が打ち出されているという点である．例えば，在院（所）者の権利・義務関係や職員の権限の明確化，第三者機関の設置や外部者の活用，不服申立制度の整備，

多様な外部人材の活用，多様な関係機関との連携，外部研究機関等との共同研究の促進などが盛り込まれている．外から人を入れる／外とつなぐ／外からみえるようにしていく，という方向で，今後改革が進んでいくことはまちがいないと思われる．

　少年院は一般社会から切り離された独特の雰囲気を持つ社会化空間として，閉鎖的であるがゆえに効果を上げてきた面がある．だから，社会に開いていく方向は，実践的にはある種のジレンマをはらんでいる．例えば，施設外の世界と地続きになってしまうことで，「更生的風土」と呼ばれてきたような教育的雰囲気（齋藤 2009）がうまく機能しなくなる可能性がある．また，たくさんの外部者が少年の処遇に関わるようになると，少年に関する観察情報が分散され，教育責任の担い手の曖昧化が生じてしまうかもしれない．それどころか，処遇過程の透明化の名のもとで，細かな規則やルールが増殖し，無責任な形式主義がはびこってしまうおそれもある（広田 2011）．

　だが，社会に開いていく改革をうまく進めていけば，これまでできなかったことができるようになるし，社会からの誤解や偏見を払拭するとともに，適切な理解者や協力者を得ることにもなるだろう．

4　まとめ

　犯罪を起こしてしまった少年が，少年院を経て，「われわれ」の一員として社会に受け入れられていくためには，三つの課題に取り組まれていくことが必要である．

　第一に，ヤングが主張するとおり，構造的に「他者」（＝逸脱者）を作り出さないような十分な社会福祉や雇用のシステムが必要である．少年たちを非行に追い立てていくような不遇な環境の改善の意味でも重要であるし，出院後の社会で再び疎外され，孤立していくことがないような環境づくりという意味でも重要である．例えば，出院者を積極的に受け入れる協力雇用主が少ない現況（松本他 2007）は，彼らを社会が受け入れる姿勢の乏しさを示すものであると同時に，彼らの再犯への道を社会が作り出すものである．大企業や公共セクターでの一定割合の雇用を義務づけるなど，一歩踏みだす政策が考えられるべきだろう．

第二に，非行少年を「他者」として，適切な教育・訓練を受けさせることが必要である．すなわち，社会に受け入れてもらえるような非行少年の自立・変容モデルが作られ，それに向けて適切な教育がなされねばならない．この点では，第2節で論じたように，現在の少年院は限られた資源と条件の中で比較的効果を上げているとわれわれはみているが，もっと改善できること，充実させるべきことはいろいろとある．ここでは論じる余裕がないが，教育モデルだけでよいわけではなく，個々の少年の状況に応じて使い分けられるように，医療モデルや福祉モデルなどの多様な処遇モデルが洗練されていく必要があるだろう．
　第三に，少年の変化や立ち直りの過程を，社会の多数者がもっと理解することが必要である．日本の少年矯正は，それなりに効果的なやり方を積み上げてきたのだが，施設内処遇の閉鎖性や情報発信の欠如が，世間の無理解を生んできた．
　児童養護施設のフィールド調査をまとめた西田芳正（2010：204）は，施設を出た少年たちが，その後も就労や交際・結婚などで不利な扱いを受け続けてしまう問題に関して，「不利な状況にある人々，家族を頼れない子どもたちが非常に困難な状況を強いられている現実がほとんど知られていないという点が重要な意味をもつものと思われる．現状が広く知られていけば，改善に向けた社会的な合意，支持につながるのではないだろうか」と述べている．この点は少年院に収容されている多くの少年もまったく同様である．
　しかしながら，児童養護施設と少年院では決定的に異なる点がある．少年院の場合には，最初に述べたように，収容少年たちは何らかの罪を犯し，いったんは「社会の敵」とされた存在になっている．それゆえ，少年院の中での生活やその後の生活に関する情報が，必ずしも許容的に受けとめられるとはかぎらないのである．例えば，被害者の遺族などの中には，仮に少年たちが深く自分の犯した罪を反省したとしても，そのこと自体が逆に許せないと思う人もいるかもしれない．あるいは，悪魔化した少年像を描く保守的なジャーナリストたちが，決して皆無にはならない再犯者のケースをとりあげて，少年院処遇の寛容さを批判していくかもしれない．少年院処遇の実態に関する情報が広く社会に知られるようになることは，少年院や収容少年への憤激や批判の契機にもなり得るといえるのである．

にもかかわらず，われわれは，少年院を社会に開いていく動きを促進しなければならない．外部の多くの人が施設やそこでの教育の実情を知り，その効果と限界をリアルに了解してもらうことこそが，元・非行少年が社会の多くの人に包摂されていくための最も正統的な手段であろうと考える．

　その意味で，少年院についてもっと学術的な観点からの研究がなされる必要がある．有識者会議の提言では「処遇及びその効果の検証への積極的な取組み」が盛り込まれている．学術研究の手法を活用して効果を検証し，より効果的な処遇のあり方を追求していくことはできるだろう．行政や施設職員の関心に沿った研究の活用である．しかし，意義はそれだけではないだろう．

　学術的な研究のもう一つの意義は，「少年院で何が行われているのか，何が起きているのか」について，維持・発展させるべき点と問題点や限界とをともに見すえた理解を，研究の回路を通して一般の社会に提供することができるという点にもあるのではないだろうか（第2節で紹介した研究は，残念ながらまだ「維持・発展させるべき点」を描くにとどまっている）．そうした研究は，少年院処遇に関して当局者や職員が気づかないところにある問題点を含めた多面的な改善に資することができるだろうが，それだけではなく，冷静で多面的な知見を社会に提出することで，「保守的な他者化」のまなざしを非行少年たちに向ける人たちに対して，別様の実態を描き出すことが可能になるだろう．いたずらな憤激や批判に振り回されず，冷静な議論をしていくために，研究者が果たすべき役割は大きいと思われる．

[注]
1　我々が少年院在院者に対して行った質問紙調査によれば，少年院の先生を「信頼できる」と答えた者は，男子で67.4%，女子で64.8%であり，「仲の良い友だち」「母親」に次いで多く，「父親」「入院前に通っていた学校の担任の先生」を上回る．
2　少年が再度入院したのは初回とは別の少年院である．
3　平成21年度の少年院出院者のうち，出院時に就職が決定していたのは就職希望者のうち39.3%で，この割合は，平成18年以降就労支援を強化しているにもかかわらず，雇用情勢の悪化の影響か，若干減少傾向にある（『平成21年　矯正統計年報』）．

［文献］

有明高原寮広報委員会編, 2009,『有明高原寮60年誌』有明高原寮.

広田照幸, 2009,「教育学研究と矯正教育」『矯正教育研究』日本矯正教育学会, 54.

広田照幸, 2011,「今後の少年矯正に望むもの——教育社会学者の目から——」『月刊 法律のひろば』ぎょうせい, 64(3).

広田照幸・平井秀幸, 2007,「少年院処遇に期待するもの——教育学の立場から——」『犯罪と非行』日立みらい財団, 153.

広田照幸・古賀正義・村山拓・齋藤智哉, 2009,「少年院における集団指導と個別指導の関係——フィールド調査を通して——」『教育学雑誌』日本大学教育学会, 44.

伊藤茂樹, 2008,「女子少年院における矯正教育の構造・序論」『駒澤大学教育学研究論集』24.

伊藤茂樹・五味靖, 2011,「少年院在院者の生活と意識——性別・処遇区分・入院回数に注目して——」『駒澤大学教育学研究論集』27.

ヘンリー, レヴィン, M.＆ケリー, キャロリン, 1997=2005,「教育が単独でできること」A・H・ハルゼー他編・住田正樹他編訳『教育社会学——第三のソリューション——』九州大学出版会.

松本誠司・新井秀人・増田督, 2007,「就労支援～多摩少年院における取組」『犯罪と非行』日立みらい財団, 153.

緑川 徹, 2009,「被害者の視点を取り入れた教育（1）——刑務所・少年院における贖罪教育の現状と課題——」『比較法制研究』国士舘大学, 32.

村山拓, 2011,「法務教官の少年指導への自信と勤務意識との関連に関する考察——アンケート調査の分析から——」『千葉経済大学短期大学部研究紀要』7.

中森孜郎・名執雅子編, 2008,『よみがえれ少年院の少女たち——青葉女子学園の表現教育24年』かもがわ出版.

仲野由佳理, 2008,「女子少年院における少年の「変容」へのナラティヴ・アプローチ——語りのリソースとプロットの変化に着目して——」『犯罪社会学研究』日本犯罪社会学会, 33.

仲野由佳理・木村祐子他, 2008,「非行少年の変容とは何か——変化／変容／更生のプロセス——」日本教育社会学会第60回大会発表.

西田芳正, 2010,「家族依存社会, 社会的排除と児童養護施設」西田芳正編著『児童養護施設と社会的排除——家族依存社会の臨界——』解放出版社.

齋藤裕司，2009，「少年院における生活指導の実際」『少年院における矯正教育の現在』財団法人矯正協会.

セカンドチャンス！編，2011『セカンドチャンス！——人生が変わった少年院出院者たち』新科学出版社.

少年矯正を考える有識者会議，2010，「少年矯正を考える有識者会議提言——社会に開かれ，信頼の輪に支えられる少年院・少年鑑別所へ——」.

田中智志，2008，「自律性と更生——何が自己肯定を生みだすのか？——」，臨床教育人間学会編『臨床教育人間学3　生きること』東信堂.

ヤング，ジョック，2007=2008，木下ちかや他訳『後期近代の眩暈——排除から過剰包摂へ——』青土社.

　　　　　　　　　　　　　　　　　（ひろた・てるゆき＝いとう・しげき）

第3章
経済学の視点から見た刑事政策

中島隆信（慶應義塾大学）

1 はじめに

　経済学における学際的分野のひとつとして「法と経済学」が日本でも注目されるようになって久しいが，現在までのところ，その適用範囲は経済法関連のテーマに限られ，刑事政策に関わる経済学の研究はそれほど盛んではない[1]．そのおもな理由は，犯罪は「正義」を乱す行いであって，経済学的な合理性や効率性の観点から議論することはふさわしくないというものだ．

　もちろん，正義の観点から刑事事件について議論することを否定するつもりはない．しかし，法を司る検察官，裁判官，刑務官なども人間である以上，その行動を支配するインセンティブ構造からは逃れられない．また，当然のことながら司法にはコストがかかり，その大半は国民からの税金によって賄われている．「悪いことをした奴は刑務所にぶち込めばいい」と主張しても，刑務所の運営には経費がかかり，今後十分な予算を確保できる保証はどこにもない．

　そもそも犯罪は生身の人間によってもたらされるものである．やみくもに正義を押しつけてもその効果は限られるだろう．誰しも切羽詰まれば犯罪に手を染める可能性は高まる．刑務所で罪を償って一般社会に戻っても居場所がなければ再び悪事を働くしかなくなるかもしれない．再犯を続けるうちに刑務所が唯一の生きる場所にもなりかねないのだ．それで社会全体が効率的に運営されるならばそれでもよかろうが，犯罪捜査，裁判，刑務所収容にはすべて行政コストがかかる．そしてなにより犯罪者となって刑務所に入れば

労働資源が失われることになる．このように経済学的視点は刑事政策を策定するにあたって必要不可欠なのである．本論文の目的は，厳罰化，裁判，更生の3点について現在の刑事政策の問題点を整理し，経済学的視点から提言を行うことである．

　本論文の構成を述べておこう．第2節では厳罰化の持つ意味について経済的合理性の観点から論じる．第3節は刑事裁判のコスト・ベネフィットについて考える．第4節は法務行政の機能のうちのひとつである更生について扱う．そして最終節で本論文のまとめが示される．

2　厳罰化の経済合理性を考える

(1)　犯罪抑止の方法

　経済学では人間が何か行動を起こすときには必ずその動機があると考える．それは犯罪も同様である．経済学が想定する犯罪者は，悪事から得られる便益の方が露見したときに被る損失よりも大きい場合に犯罪を実行するという合理的な人間である．そうならば犯罪を抑止する方策は，犯罪から得られる便益を減らし，露見したときの損失を増やすことである．

　犯罪行為から得られる期待利得は犯罪の利得と成功確率の積であるから，抑止のためには成功確率を下げればよい．具体策としては，犯罪多発地域への警官配備，街灯の増設，さらには監視カメラの設置などである．他方，期待損失を増やすには，犯罪者の逮捕確率を高める方法と懲罰を重くする方法が考えられる．前者については事件の捜査に多くの費用をかければよく，後者は罰金の増額，懲役年数の延長，あるいは名誉剥奪といった社会的制裁などがあげられる．

　ここで重要なことはこれらをどのレベルまで引き上げるかである．なぜなら，引き上げにはコストがかかるからだ．警官の増員や街灯の設置には経費がかかる．犯人逮捕のためには，捜査員の努力が欠かせない．そして，懲役年数の延長は受刑者を長く刑務所に置くことになり，収容に要する経費が増える．それに比べて，罰金刑や社会的制裁を科す場合はほとんど追加的なコストはかからない．そのため経済学から導かれる最適な罰則は，可能な限り罰金ないし社会的制裁とし，それでも不十分な場合は懲役刑を付加すること

である.
　以上のことをまとめると,抑止力を高める上でのポイントは,
① 逮捕確率をあげるよりも懲罰を重くすること
② 懲罰はできる限り罰金刑と社会的制裁のウェイトをあげること
の2点に集約される.
　残念ながらこれには難点がある[2].たとえば,自動車運転のスピード違反を減らすため,時速15km未満オーバーの罰金を現行の9千円から10万円にあげたとしよう.この金額には多くの人は違和感を持つだろう.たかだか15km未満のスピード違反に対して10万円の罰金はフェアではないというものだ.
　この罰則のフェアネスは法を施行する上できわめて重要な意味を持つ.罰則がフェアでないと国民の法令遵守の意識は低くなるからだ.そして,法令違反者を逮捕しようとしたとき,犯人逮捕の手がかりとなる情報提供で国民の協力が得にくくなる.これは逮捕確率の低下につながり,犯罪の期待損失を減らすため,結果として抑止力を下げることになる.
　さらに,金銭による懲罰や社会的制裁は犯罪者によっては抑止効果にならない場合がある.たとえば,一般に強盗犯は資産をそれほど持っていない.また,社会的制裁は世間体が重視される人以外にはほとんど抑止力としての効果がない.
　以上の理由から,日本の刑法では,罰金刑よりも懲役刑の方に懲罰の重きがおかれているのである.

(2) 犯罪者の無力化

　無力化とは,犯罪者を刑務所に閉じ込めることによって,犯罪行為をできなくさせる効果のことである.無力化は刑務所収容に要する費用が釈放によって生じる社会的費用を下回っている間は続けるのが合理的である.日本では受刑者一人あたりの収容費用は年間約300万円である.他方,生活保護受給者への年間支給額はおよそ180万円である[3].この数字を見る限り,刑務所に収容するよりも生活保護の助けを借りて社会で生活する方が社会の負担は少ない[4].したがって,無力化効果の判定基準のひとつは,受刑者が社会復帰したとき年間120万円を超える損失を社会に与えるかどうかとい

うことになる．

　そのさい，考慮すべきポイントが2つある．その第1は犯罪の代替効果（replacement effect）である．たとえば，空き巣犯を刑務所に収容すれば，その間は空き巣ができないから無力化の効果は大きいように思える．しかし，空き巣に狙われやすい地域，家屋やオフィスは限定されており，そこは潜在的に空き巣のターゲットになっている可能性がある．そうだとすると，一人の空き巣犯を収容しても，空き巣が減るわけではなく，別の犯人に代替しただけかもしれない．

　第2のポイントは年齢である．一般に，強盗，殺人，強姦などの重犯罪で刑務所に入る人の数は年齢とともに減少するといわれている[5]．刑務所で高齢の無期囚を見かけることがあるが，知力や体力の衰えが見て取られ，再び重犯罪に手を染めるようには見えない．こうした高齢受刑者を刑務所で無力化し続ける意味があるか問われなければならないだろう．ましてや将来的に日本でも終身刑が導入されることにでもなれば，無力化の効果という観点からその社会的コスト負担について十分な議論を尽くす必要があろう．

(3) 抑止力の実証分析

　犯罪を防ぐために罰則強化を推進すべきという主張がある．罰則強化に犯罪抑止効果があることの理論的根拠は明らかであるが，そこから一足飛びに結論を出すことはできない．なぜなら，罰則強化を推進すれば，受刑者の数は増え，収容期間は長期化し，新たな刑務所の建設などコスト増が予想されるからである．

　罰則をどの程度にすべきか判断のよりどころとなるのは科学的な実証分析である．近年では，こうした政策立案にかんしては，イメージや直感に頼るのではなく，証拠に基づいた政策（evidence-based policy）を考えることの重要性が指摘されている．

　罰則強化の犯罪抑止力をデータによって確かめるには，回帰分析という手法が用いられる．たとえば，人口千人当たりの犯罪件数を被説明変数として数式の左辺に置き，罰則の重さなどを説明変数として右辺に置く[6]．この式を推定し，罰則の強度を表す変数の係数が有意にマイナスとなれば，罰則強化が抑止効果を有すると実証されたことになる．

回帰分析を行う場合には，結果に関する信頼性を担保するためにいくつか守らなければならない約束事がある．そのひとつが説明変数は被説明変数からのフィードバックを受けない独立性（外生性）である．罰則強化は国の機関によって決定の後，実行されるので，一見すると外生性が保たれているように思える．しかし，罰則の重さの代理指標として刑期を考えた場合，犯罪発生件数のフィードバックを受けていることが多い．たとえば，犯罪が多発すれば厳罰化を求める世論を反映して無期囚の仮釈放は認められにくくなるだろう．警察などの行政機関への資源配分が増加し，逮捕確率が高まることも予想される．刑務所の収容人数を代理変数としたケースでも，犯罪件数の増加は単純に収容人数を増やすと考えられるため，同様のフィードバック効果が働いているとみなすことができる．

　この相互関係は図のように示すことができる．右下がりの線は刑罰が重くなれば犯罪件数は減少することを意味するもので，ここでは抑止力曲線と呼ぼう．一方，右上がりの線はさきほど述べたフィードバック効果を示したもので，刑罰供給曲線と呼んでおこう．そして，実際に観測される刑罰の重さと犯罪件数は図に示される2本の線の交点となる．

　ここで以下のような思考実験をしてみよう．まず，初期時点の抑止力曲線をd_1，刑罰供給曲線をs_1とし，その交点をAとおく．ここで何らかの理由で抑止力曲線がd_2へ上方シフトしたとしよう．これは他の事情を一定として犯罪件数が増えたことを意味している．この変化によって交点はAからBに移る．この時点ですでに刑罰供給曲線s_1の上を移動しているので，刑罰が重くなったことにより，その分だけ犯罪件数も抑えられている点に注意しよう．

　次に，AからBへの移動で犯罪件数が増えたことを受けて厳罰化への世論が高まり，刑法が罰則強化の方向へ改正されたとしよう．これはs_1からs_2へ刑罰供給曲線が右シフトしたことを意味する．この右シフトによって交点はC点に移る．さらに抑止力曲線を上方にシフトさせていた要因が取り除かれ，以前のd_1に戻ったとする．これにより交点はD点となる．

　以上の一連の動きから刑罰の重さと犯罪件数に関するデータとして，A，B，C，Dの4点を手に入れることができる．これを用いて，犯罪件数を被説明変数，刑罰の重さを説明変数とする回帰分析を行い，右下がりの抑止力

図　内生性の問題

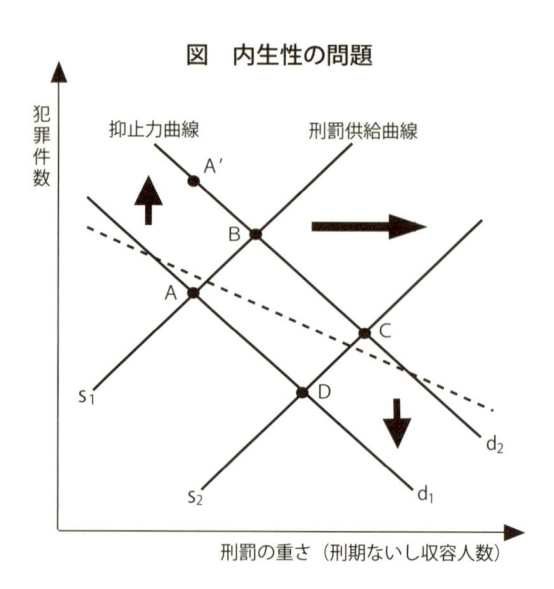

[図：縦軸「犯罪件数」、横軸「刑罰の重さ（刑期ないし収容人数）」。抑止力曲線、刑罰供給曲線、点A, A', B, C, D、s_1, s_2, d_1, d_2 を含む]

曲線を推定してみよう．予想される抑止力曲線の推定結果は図上の点線で描かれている．これを見ると，真の抑止力曲線よりも傾きが緩やかになっていることがわかる．このような現象が起きる原因は刑罰供給曲線の存在にある．抑止力曲線のみならば，はじめに上方にシフトしたときB点ではなくA'が観察されるため，推定された抑止力曲線は左下方向に引っ張られずに済む．しかし，刑罰供給曲線の存在により，犯罪件数の増加は刑期を長期化させ犯罪を抑止する力も働くことから，A'ではなくB点へ移ってしまうのである．真の抑止力曲線と推定された抑止力曲線とのこうしたずれは，説明変数の内生性によって引き起こされるバイアスと呼ばれ，データによる実証分析を行う場合に最も注意しなければならない問題点のひとつとされている．

　内生性の問題に対処する方法は2通りある．ひとつはデータの選び方を工夫することである．罰則強化が犯罪件数の影響を受けていなければ問題はない．たとえば，イタリアの恩赦を利用したDrago=Galbiati=Vertova (2009)はその一例である．当時のイタリア刑務所は30％超の過剰収容状態にあり，恩赦は受刑者の生活環境の悪化を問題視する声がカトリック教会から発せられたことを契機とするものであった．つまり犯罪件数とは関係ない人道的な理由によるものであり，外生的要因とみなしてよいと考えられる．

もうひとつの方法は計量経済学の手法を活用するものである．実験室での実験が困難で観察されたデータのみに頼らざるを得ない経済学の実証分析では，内生性は古くて新しい問題である．これまで多くの経済学者の手によって内生性の問題を解決する方法が生み出されてきており，ここで紹介した抑止力の実証分析でもこれを適用することができる[7]．

(4) 抑止効果と無力化の識別問題

　すでに述べたように，罰則強化には抑止力と無力化の効果がある．それを前述のような回帰分析によって検証しようとすると，両者の効果が混在した形で推定されてしまう．両者の識別が重要な理由は，それが刑務所内の処遇のあり方と刑期の長さとに関連するからである．

　たとえば，強姦や強制わいせつなどの性犯罪は加害者個人の特性に依存する部分が大きく，また再犯率も高いといわれている．こうした場合，刑務所での処遇を厳格化することによって，犯罪者本人や潜在的加害者の犯行を抑止しようとしてもあまり効果は期待できないだろう．むしろ性犯罪が物理的に困難になる年齢まで犯罪者を刑務所で無力化しておいた方が社会的に望ましいといえるだろう．

　アメリカで1994年に連邦法として制定された「三振法」は，過去2度にわたる重罪の前科のある者が3度目の有罪判決を受けた場合，その罪の軽重にかかわらず直ちに終身刑に処されるというものである．もし，無力化が抑止力よりも強ければ，「三振法」は非効率となる．なぜなら，抑止効果が働かないために終身刑囚で刑務所が溢れ，莫大な収容コストがかかるからである．他方，抑止力が強ければ，重犯罪者は減少するので「三振法」は効率的である．

　この識別問題を解決する方法を紹介しておこう．たとえば，Levitt (1998a) は，罰則強化を実施したときの抑止力と無力化の効果の現れ方の違いに注目した．特定の犯罪に限って罰則が強化されたとする．このとき，抑止力が働いているならば，別の犯罪への代替現象が起きるだろう．他方，無力化が有効ならば，特定の犯罪の罰則が強化されたとしても，犯罪者は刑務所に収容されており犯罪行為ができないため，別の犯罪への代替は起きず，犯罪件数が減少するはずである．

Levitt（1998b）は，未成年と成人に適用される罰則の違いを利用して識別する方法も提案している．もし罰則強化による抑止力が働いているならば，成人前よりも成人後の方が犯罪率は下がるはずである．また，恩赦などの特別な出来事を利用する方法もある．前出の Drago=Galbiati=Vertova（2009）が分析対象としたイタリアの恩赦は，すべての受刑者の刑期を3年短縮するというもので，刑期の残存期間が3年に満たない受刑者はすべて釈放された．ただし，釈放後5年以内に2年以上の懲役刑を受けた場合は，恩赦が取り消され，短縮された刑期の分だけ加算される．したがって，残存期間が1年と2年の元受刑者間で一定期間内に再犯したかどうか比較すれば抑止効果が計測可能となる．

(5) 厳罰による抑止力向上は意味があるのか

ここで過去の実証分析の結果から得られるいくつかの重要なポイントをまとめておこう．この分野ではデータの利用可能性などの理由からアメリカでの研究が圧倒的多数を占めている[8]．

まず，罰則強化のコスト・ベネフィットを検証した研究成果について見てみよう．Levitt（1996）は，1970年代以降アメリカ国内で一貫して増え続ける刑務所収容者数が経済合理性を有しているか検討した研究である．分析では受刑者を一人追加的に釈放することは年間15件の犯罪を誘発し，社会に5万4千ドルのコスト負担をかけると推定された一方，受刑者一人の収容には年間2万5千〜3万5千ドル程度かかることから，アメリカの厳罰化政策には一定の合理性が存在したと結論づけられている．

Kuziemko=Levitt（2004）は薬物犯罪への厳罰化政策の是非を扱っている．薬物が刑罰の対象になるのは社会へのマイナスの外部性が存在しているからである．すなわち，違法な薬物は使用者本人の健康に害を及ぼすだけでなく，闇市場において高値で取引されることから，乱用者が盗みなど別の犯罪に手を出すかもしれない．厳罰化はこうしたマイナスの外部性を弱める働きをする．しかし，これには逆の効果もある．取り締まり強化で薬物の供給が減れば，価格は高騰するだろう．乱用者の価格弾力性は小さいため，犯罪は前より増える可能性もある．さらに，警察や刑務所などの公的機関の資源には限りがあり，薬物の取り締まりに注力すれば，他の犯罪防止に人手を割けなく

なったり，刑務所の過剰収容により別の罪で収監されている受刑者の仮釈放が早まったりするかもしれない．これは薬物以外の犯罪を誘発することになるだろう．

計測の結果，一人の薬物犯罪者を刑務所に収容することは別の犯罪者を0.5人釈放することと同じであり，1980年以降アメリカで実施された薬物取り締まり強化は暴力・窃盗犯罪件数をわずか1～3％減らしただけにすぎないことが明らかになった．また，コカイン使用者の刑務所収容コストはコカイン1gあたり270ドルである一方，使用者本人の健康被害と他の犯罪に手を出すなど社会への損害の費用の合計は同50ドルであることから，Kuziemko=Levitt（2004）は少なくとも使用者レベルに限っていえば取り締まり強化は合理的ではなかったと結論づけている．

最後に，前出のLevitt（1998a）の分析結果を紹介しておこう．結果は，暴行，住居侵入，窃盗，自動車泥棒については抑止力効果が有意に推定され，強姦および強盗では無力化効果が有意というものであった．これはきわめて興味深い．発生件数からいえば，窃盗など抑止力効果の有意な犯罪の方が圧倒的に多い．したがって，Levitt（1998a）の結論は前出の「三振法」は一般的には効果があるというものである．ただし，代替効果のない強姦や強盗の多い地域では犯罪は減らない一方，刑務所の収容人数は増えるため非効率性をもたらすだろう．

日本を対象としたこうした実証分析はほとんど存在しない．ここでは3例を紹介する．第1は，日本の死刑制度の犯罪抑止効果を計測した松村・竹内（1990）である．研究の問題意識は，死刑制度の廃止が国際社会でのコンセンサスになりつつある中で，日本が死刑廃止条約に批准せず制度存続の立場をとり続けることの合理性について，死刑支持派の根拠のひとつとなっている犯罪抑止力の観点から検証しようというものである．

用いられたデータは1953～1987年の時系列で，14歳人口あたりの殺人件数を被説明変数とし，説明変数には検挙率，有罪判決者に占める死刑判決者の割合，失業率，被生活保護者比率などをとっている．結果は，検挙率と死刑判決率はいずれも有意に推定されていない．他方，失業率と被生活保護者比率はともに有意にプラスとなっている．そして，この分析結果を踏まえた結論としては，日本では死刑制度には犯罪抑止効果はなく，むしろ経済

や社会の不安定要素をなくしていくことの方が殺人事件を減らすには有効と述べられている．

この実証分析は本節で述べてきた実証分析のルールに則っていない．まず，説明変数として扱われている検挙率と死刑判決率は殺人事件件数の影響を受ける内生変数である[9]．次に，抑止力と無力化の識別が不十分である．そして有意にプラスに推定された失業率と被生活保護者比率についての解釈にも注意を要する．観測期間の前半は日本の高度成長期に当たり，失業率と被生活保護者比率はともに減少トレンドを見せている．他方，殺人件数も同時期に減少トレンドを示していることから，ここで推定された有意性は単に両者の減少トレンドの相関をとっただけの可能性がある．

第2は秋葉（1993）による殺人をはじめとする刑事犯罪全般にわたる抑止力効果分析である．ここでは，抑止の要因となる逮捕率，有罪率，実刑率などの内生性の問題に配慮した上で，時系列データを用いた計測がなされている．抑止力はおおむね有効との結論であるが，なかでも注目すべきは松村・竹内（1990）とは対照的に，死刑の殺人抑止効果が有意（追加的1名の死刑に対して16〜17人の殺人抑止効果）に推計されている点である．ただし，この分析でもトレンドを有する時系列データが多用されていることから，見せかけの相関の存在を否定できず，結果に関しては慎重な見方を要するといえよう．

第3は牛山（2008）における強盗犯罪の罰則強化による抑止効果分析である[10]．データは2001〜2006年の都道府県別パネルで，2004年の法定刑引き上げが犯罪件数の減少に寄与したかどうかを調べたものである．被説明変数には人口あたり強盗犯認知件数をとり，それを法定刑の強化，強盗検挙率，失業率，人口あたり警察職員数によって説明している．回帰式の推定結果は法定刑の強化と強盗検挙率が有意にマイナスとなり，厳罰化の効果が実証されている．具体的には，強盗罪による有期刑上限が15年から20年に引き上げられた結果として人口あたり強盗犯認知件数が7〜10%の減少，検挙率1%の上昇で同0.4〜0.5%の減少である．

ここでは認知件数から警察職員数へのフィードバック効果を除去するための適切な処理がなされている．法定刑の強化は社会実験のひとつとも考えられるため外生変数とみなしていいだろう．他方，抑止力と無力化の識別であ

るが，2004年に罰則が強化された後の2年分のデータで分析がされていることから，無力化の効果が現れるほどの時間が経過していないものと考えられる．したがって，牛山（2008）で検証された厳罰化による強盗犯罪の抑止効果は一定の信頼性を有すると考えられる．

ただし，ひとつ注意を要するのは，被説明変数として認知件数が用いられている点である．認知件数は検挙率上昇から影響を直接受けることはないものの，第2節(3)の注6で述べたように，被害者，目撃者，そして警官の判断というフィルターを通った上での数値であり，行政評価の影響を受ける可能性がある．牛山（2008）がどの程度までこうした犯罪統計のくせを除去した実証分析なのかについては疑問が残る．

(6) 「証拠に基づく政策」の必要性

犯罪を抑止するために罰則は必要である．しかし，世の中の資源には限りがある．LevittやKuziemkoの実証研究の意義は罰則強化が社会全体の資源配分の効率性につながっているか検証しようとした点にある．それに比べ，これまでの日本の研究は抑止力の有無を確かめるだけにとどまっており，資源配分の是非を問う真の意味での実証研究にはなっていない．

浜井・芹沢（2006）や浜井（2009）が指摘するように，日本ではマスコミの報道の影響もあって実際の治安と体感治安のギャップが大きく，それが大衆の犯罪不安を呼び，厳罰化の傾向が進みつつある．しかし，罰則の強化やそれに伴う仮釈放率の低下が実際に犯罪認知件数にどのような影響を与えているかを検証する実証分析は筆者の知る限り存在しない．

その一方，国連から日本に死刑廃止の勧告が出されたこともあり，死刑を廃止し終身刑を導入すべきという意見も根強い．終身刑導入の経済学的な根拠は，終身刑が有意な犯罪抑止力を持っていることである．無力化効果のみの場合，高齢化による犯罪能力の低下のため終身刑はコスト高になる可能性がある．こうした計測例もこれまで見かけたことはない．

犯罪は正義に関わる問題として経済学的な分析を好ましく思わない人たちが多いことも事実である．もちろん，経済学の視点に基づくコスト・ベネフィット分析だけですべての政策を決めていいわけではない．一方で，データに基づく客観的な分析なしに，法律が改正されていくことの恐ろしさもわ

れわれは認識しておくべきではないだろうか．

3 刑事裁判は誰のためのものか

(1) すべての当事者を傷つける

　刑事裁判の目的は何だろうか．浜井（2009）は「裁判で真実は明らかにならない」とした上で，「裁判は，法的な価値を判断する場であり，科学的な視点で真実を究明する場ではない」と述べている．たとえば，死亡事件が起きたとき，「被害者であるＰ氏は亡くなった」というのは真実だろう．そして，「加害者であるＱ氏がＰ氏をナイフで刺した」ということも証拠によって真実となりうるだろう．しかし，それが「殺人」であるかどうかはわからない．なぜなら，それには犯人が殺意を持っていたことを立証しなければならないからである．そうだとすれば，裁判における審理の結果として下される判決は，「明らかになった真実」というよりは，検察と被告人が提示した客観的な証拠に基づき，裁判官が法に照らして出した「判断」と解釈されるのが妥当といえよう．

　当事者の人たちがこのようにクールに裁判所の判決を解釈できていれば問題はない．ところが，国民の裁判に対する期待は違うようだ．報道によれば，裁判に真実の究明を期待する向きがあるからである[11]．刑事裁判では犯罪は社会秩序を乱した行いとして，検察が原告，加害者とされる被告人が被告という図式となる．検察は重罪を犯した被告人がいかに極悪非道な人間であるかを裁判官に力説し，厳しく罰することが妥当と訴える．他方，被告人とその弁護人は犯罪の計画性や故意性を否定し，できる限り刑罰を軽減してもらえるよう弁明する．そして検察側の証拠が不十分な場合は，無罪を勝ち取るべく努力する．このプロセスを「裁判官をいかに説得するかのせめぎ合い」だと考えれば納得がいくが，「真実の究明」だとすると犯罪被害者および加害者，そしてその関係者にとっては耐えられないものとなる．

　裁判の過程では，加害者に関わるすべてのプライバシーが検察によって白日の下にさらされるだろう．加害者家族はマスコミから追い回され，近隣から白い目で見られ，一家離散や引っ越しを余儀なくされることもあろう．他方，弁護人は減刑を勝ち取るため，「殺す気はなかった」「犯行時は心神喪失

状態だった」「被害者側にも問題があった」などと主張する．これは代理人として当然とるべき戦略なのだが，「真実を知りたい」被害者にとってはすべて弁解にしか聞こえないだろう．そして，判決が両者の間を取った形で下されたとするならば，厳罰を望んだ被害者と情状酌量を願った加害者の双方共に満足しない結末ということになる．国費を投じたこの裁判はそもそも誰のために行われているのだろうか．

(2) 応報手段としての裁判

　現状の刑事裁判というシステムを保持しつつ，上記の問題を解決しようとしたとき，考えられるひとつの方法は厳罰化によって被害者やその遺族たちのやり場のない怒りを静めようとすることである．

　本来であれば，被害者は加害者に対して「なぜそのようなことをしたのか」「自分のしたことに対してどう考えているのか」「それをどう償おうとしているのか」などと問い詰めたい気持ちで一杯だろう．しかし，刑事犯は社会に対する罪であり，社会を代表して警察や検察といった国家権力が取り調べを行うため，被害者は全く蚊帳の外に置かれる．マスコミを通じて間接的にしか情報がもたらされずイライラが募る．そして不満が頂点に達した頃に裁判が始まる．ところが裁判は先に述べたように崇高な真実究明の場ではなく，判決の落としどころを探るための戦略的な技巧を競う論争の場である．裁判を傍聴した被害者やその遺族にとって癒しになるような代物ではない．

　刑事訴訟の判決は，被告人が有罪か無罪かを定め，有罪の場合には刑務所への収監などの罰を被告人に与えるものであり，被害者への損害賠償を決めるものではない．仮に民事裁判を別途起こしたとしても，被告人に財産がなければ賠償責任を問うてもほとんど意味がない．また，一般に殺人や強盗などの凶悪犯罪は切羽詰まった状態にある人間が引き起こしがちなため，被害者の損失を補填できるほどの財産を被告人が持ち合わせていないことも多い．ようするに刑事事件の被害者は「やられ損」的な扱いを受けているのである．

　こうした八方ふさがりのなか，被害者にとって唯一ともいえる救いの手段が，被告人への応報的制裁である．自分の大事に思っている人が殺されたとき，最も望ましい償いは亡くなった人を生き返らせることであるが，それは不可能である．それならば，犯人に対して「死をもっての償い」，すなわち

加害者に同じ苦しみを味わうよう要求するのである．最高刑が死刑ではない傷害致死や過失致死のような場合であっても，遺族にしてみれば加害者には可能な限り重い刑罰を科してほしいと願うはずである．実際，平成 13 年に危険運転致死傷罪が導入されたのも，交通事故の被害者遺族が交通事犯の刑の相対的な軽さに抗議し，全国から罰則強化を求める署名を集めたことがきっかけとなっている．また，浜井・エリス（2009）は，犯罪被害者支援運動とカリスマ的犯罪被害者の存在がマスコミ報道などを通じて世論を動かし，その世論を取り込む形で平成 16 年の刑法改正が実現したと指摘している．

(3) 修復的司法の可能性

司法のあり方に関し，加害者の責任の取り方として上で述べたように被害者が受けた損害に匹敵する罰を加害者にも与えるべきとする考え方を応報的司法という．それに対して，損害を受けた被害者またはその遺族，ならびに犯罪によって信頼性が傷つけられた地域社会に対して，加害者に損害を認識させ，できる限り損害の回復に向けて努力させる司法のあり方を修復的司法（restorative justice）という．

修復的司法の発想自体は特に新しいわけではない．むしろカナダやニュージーランドの原住民の間で伝統的に実施されてきた紛争解決手法であり，近代的な刑事裁判よりも長い歴史を有しているともいえる．実際，ニュージーランドでは，植民地時代に宗主国のイギリスから持ち込まれた近代的な刑事裁判に原住民が反発し，昔ながらの自分たちの手法で司法を執り行いたいという要望に端を発する形で修復的司法の復権がなされたという経緯がある[12]．先に述べたように，近代的な刑事裁判では被害者は蚊帳の外に置かれる．他方，修復的司法では，犯罪は地域社会の安定した関係性を破壊する活動とみなされ，地域コミュニティのメンバーが協力して関係性の修復を行う．すなわち，加害者には被害者の受けた損害を知らしめ，その犯した過ちの重大性を認識させる一方，被害者に対しては地域が協力して経済面とメンタル面での損害の修復を図る．そうしたプロセスを経て，住民は自分たちが暮らす地域に対する信頼を取り戻すのである．

修復的司法は強制力を持つものではなく，あくまで当事者の自主性を前提

として裁判所がその採用を決定する性質のものであるため，実際に運用が実施されているニュージーランドでも加害者への憎しみの強い殺人や強姦などの重犯罪には適用されていない．こうした自主性を重んじ，適用範囲を限定する運用方法は経済学的にも合理性を持っている．コースの定理が示すように，経済学で説明される法の合理性とは，当事者間の交渉によって問題を処理するには得られる便益に比べて交渉費用があまりにも大きすぎる場合とされる．たとえば，社会的影響がさほど大きくない事件の場合，加害者と被害者の間で示談が成立しているならば，あえて裁判所で法の力を借りる必要性は低いと考えられる．しかし，殺人事件のように補償額が莫大になる可能性が高い上に，社会的影響が大きく当事者間だけでは問題の収束が困難であり，さらに加害者と被害者が交渉のために同じテーブルに着くことは不可能に近いような場合は，裁判所において法の力により加害者を罰する方法が適しているだろう．

修復的司法はコミュニティ内で犯罪によって破壊された信頼性を修復するという考え方が基本にあるため，交渉による問題の解決方法の一種と考えられる．したがって上述のコースの定理でいえば，ニュージーランドのように，交渉費用があまりにも大きい重犯罪を適用除外とし，逆に更生の可能性が高く，その社会的便益の大きい若年犯罪に多く適用している運用方法は経済学的に見てもきわめて理にかなっていると思われる．

それでは重犯罪や都市型犯罪に修復的司法は適用できないのだろうか．たしかに加害者と被害者を含めた信頼性の修復という点からいえば，コースの定理から考えても合理性は低いと言わざるを得ない．しかし，前節で述べたように蚊帳の外に置かれた被害者が裁判を応報の手段として用いることも合理的とはいえない．なぜなら，コースの定理が成立しないのであれば，裁判の役割とは社会全体にとっての最適解を決定することであり，検察官や弁護士が国費を使って交渉を行う場ではないからである．

この場合，別の発想による修復的司法の運用がなされなければならない．それは加害者と被害者の社会復帰という意味での修復である[13]．加害者に関してはすでに矯正施設内の特別改善指導プログラムのなかに，薬物，性犯罪，暴力団離脱，被害者の視点を取り入れた教育といった形で導入されている[14]．他方，被害者に関しては，犯罪によって経済面，精神面で多大な損害を被っ

ているにもかかわらず，ほとんど救済の仕組みが備わっていない．そのため刑事裁判が被害者救済の場となり，裁判の応報的側面の強化をもたらしている．こうした事態を回避するためには，被害者の社会復帰すなわち自立に向けて社会が一定の役割を担う必要があるだろう[15]．具体的には，被害者家族に対して一定期間の経済的支援と就労支援を行い，速やかな経済的自立を促す一方，心理療法などのカウンセリングを無償で受けられるようにし，精神面でのサポートを提供する．これを現在の障害者自立支援などの福祉の枠組みに加えれば，比較的少ない費用で支援サービスを提供できるだろう．

4 更生を考える

(1) 比較優位の考え方

人生に失敗はつきものである．失敗してもやり直しができるなら挫折感はさほど大きくはないが，犯罪はやり直しが認められにくい失敗である．刑務所で罪を償っても「前科者」の烙印はついて回り，社会復帰を困難にさせる．犯罪者にやり直しを認めないということは，その人をいつまでも刑務所に留めるということである．法務省矯正官署の平成22年度の予算額は2300億円で，矯正施設収容者は7万5000人である．一人あたりの排除コストは年間300万円という計算になる．

私たちはどんな人であっても社会から排除して何の得にもならないことを知るべきである．経済理論のなかでも有名な比較優位の考え方は排除の論理の非合理性を証明してくれる．たとえば，世の中に能力の高い人と低い人の二種類の人がいるとしよう．このとき，一般に考えられがちなことは，すべての仕事を能力の高い人に任せ，能力の低い人はあとからその恩恵にあずかった方がいいというものである．

この考え方が社会全体にとってプラスにならないことを具体例で示そう．表は能力の高い人1人（A），低い人2人（BとC）からなる経済を描いたものである．AはBとCに比べて魚も肉も生産するのが得意であり絶対的な優位性を持っている．このとき，Aが魚と肉を両方とも自分で生産すると決めたとしよう．そうなるとBとCも自分で生産しなければならなくなる．すなわち自給自足の生活である．両者には20時間の持ち時間があると仮定し，

表　比較優位の原則

		A	B	C
魚1tの生産に要する時間		2時間	6時間	6時間
肉1tの生産に要する時間		3時間	4時間	4時間
自給自足	魚の生産（消費）量	4t	2t	2t
	肉の生産（消費）量	4t	2t	2t
比較優位	魚の生産量	10t	0t	0t
	肉の生産量	0t	5t	5t
	魚の消費量	5t	2.5t	2.5t
	肉の消費量	5t	2.5t	2.5t

ここでの生産量はA、B、Cともに持ち時間が20時間あると仮定した結果である。

それを魚と肉の生産量が等しくなるように配分したとしよう．するとAは魚と肉それぞれ4トンずつ，BとCについては魚と肉を2トンずつ生産し，消費するという結果になる[16]．

この自給自足システムが実は非合理的である．確かにAは他の2人よりも絶対優位性を持っているが，Aについてだけ見れば肉より魚の生産の方が相対的に得意である．同じくBとCは相対的には魚より肉に優位性がある．他人と比べるのではなく，自分自身の中での優劣を比較優位という．

比較優位の考え方に従えば，Aは比較優位を持つ魚の生産に特化することで10トンの魚を生産できる．他方，BとCは肉に特化することで5トンの肉を生産できる．そのあと，魚2.5トンと肉2.5トンを三者で交換すれば，結果としてAは肉5トンと魚5トン，BとCはともに肉2.5トンと魚2.5トンの消費が可能となる．自給自足のときと比べ，全員の肉と魚の消費量は25％も増加しているのである．

この考え方を社会全体にあてはめれば，どのような人も社会の一員として迎え入れ，その得意分野で社会に貢献してもらうことの合理性が理解できる．それは元受刑者であっても同じである[17]．

(2)　法務行政は社会復帰に力点を

刑務所は「矯正施設」とも呼ばれる．つまり刑務所の役割は「悪事を働くような歪んだ性根を正す」ことと解釈できる．こうした矯正の考え方は，悪事の基本的要因は本人の考え方や生き方にあり，その部分を刑務所での刑務作業や規則正しくも不自由な生活を経験させることで修正できるということ

だろう．

　これまで法務行政は犯罪者の矯正に主眼があり，社会復帰（更生）にはそれほど力を入れてこなかったように思われる．しかし，どのような真っ直ぐな人間であっても社会復帰できなければ再び犯罪に手を染める可能性は高まる．犯罪はきわめて社会コストの高い行為である．被害者が生まれるだけではなく，拘置費用，取り調べ費用，裁判費用，弁護士費用，刑務所収監費用等々がかかる．その間，収監者の移動の際には公用車が使われ，刑務官が同行する．刑務所と内と外を行き来すれば，その都度これらの費用を社会が負担することになり，きわめて非効率である．

　こうした点を改善するために導入されたのが社会復帰に主眼を置いた刑務所である．犯罪傾向の進んでいない刑期の短い受刑者を集め，民間の力を借りつつ職業訓練をさせる．品行方正で優秀な受刑者は出所時に就職が決まっているというケースもある．

　社会復帰の困難さは必ずしも犯した罪の重さに比例するとは限らない．たとえば，知的障害のある人が万引きや無銭飲食をした場合，短い刑期で刑務所を出所できたとしても，適切な支援がなければ何度も同じような犯罪を繰り返すことになり，社会復帰は難しいだろう．

　一方，刑の重い受刑者でも罪を悔い社会復帰を望んでいるならば，懲罰的な労役よりも職業訓練的要素の強い教育刑の比重を高めれば社会復帰の可能性は高まり合理的である．長期受刑者ならば，むしろ刑期の長さを生かし，本人の能力と年齢に応じ，民間のノウハウを活用しつつ職業訓練の内容を充実させればよい．犯罪傾向の進んでいない長期受刑者を収容する刑務所では，家具，革靴，工芸品などの製造で卓越した技を習得する者がいるが，高度に国際分業が進んだ現代の経済社会において，そうした能力が必ずしも社会復帰後の就労に役立つとは限らない．長く刑務所にいるのであれば，その間，現在必要とされる技能を身につけさせ，出所時には就職が決まっているくらいのことを考えるべきだろう．

　罪を犯した人間のためにそのような便宜を図ってやる必要はないという意見もあろう．出所者の社会復帰が困難なのは自己責任との考えもある．しかし，そのために社会復帰が遅れ，再犯につながったとすれば，社会全体の損失はきわめて大きくなる．

そもそも現在の刑務所を見渡してみれば，懲役刑のあり方そのものがすでに限界に達しているように思われる．まず，受刑者にやらせるべき仕事が減ってきている．製造工場が日本各所にあった頃は，作業の一部を刑務所が負担することで刑務所と企業の補完関係が保たれた．今ではこうした工場が日本に多くなく，あったとしてもハイテク化が進み作業が高度化しており，刑務所に一部の工程を任せることは難しくなっている．

加えて，受刑者全体の作業能力が落ちていることも要因としてあげられる．毎年の新受刑者の約4分の1がIQ（CAPAS）70未満であることは広く知られている．また，同7分の1が60歳以上の高齢者である．こうした人たちの刑務作業はきわめて付加価値の低い単純労働となっている．さらに，そうした作業を安定的に探してくるのは相当な苦労である．ある刑務所長は自らを「外から仕事をもらってくる営業部長」と称していたほどだ．

生産現場が海外移転するなかで，単純作業は今では取り合いの状態になっている．刑務所のみならず，障害者施設も仕事を増やし利用者の工賃を少しでも上げようと必死である．障害者は工賃を受け取るが，受刑者の懲役に報酬はない．一生懸命仕事をしたご褒美として僅かな「報奨金」をもらうだけだ．障害者施設の施設長は，「実質的に無賃労働の刑務所さんとは人件費の面でとても太刀打ちできない」と言う．懲罰としての刑務作業を確保するために民間の仕事を奪うのは本末転倒といえないだろうか．

もし，刑務所で労働させることが社会復帰にとってそれほど重要なことならば，刑務作業に対しても正当な給与を支払うべきである．立場を等しくしてから競争させるのが望ましい．それで仕事がとれないのであれば，懲役という制度自体が破綻していると解釈すべきである．そもそも単純作業の労役が懲罰という考え方自体が間違っている．これと似たような作業を特例子会社などで懸命に行い，給与を稼いでいる障害者に対して失礼というものだ．

とはいえ現在の刑務所の運営体制のもとで刑務作業に代わる日中活動を導入することは難しい．刑務所は少ない刑務官で多数の受刑者を管理している．工場での単純作業はこうした管理が最も容易な方法といえる．仕事場全体を一目で見渡すことができ，全員が同じ動作をしているので怠業をすぐに見つけることができるからだ．

より現実的な対応としては，現在のように判決の段階で「懲役刑」などと

処遇方法まで決めてしまうのではなく，刑務所での収監期間だけ定めておき，後に刑務所で受刑者の性格や能力を見極めた上で刑務作業の比重を決めていけばいいだろう．その場合，各刑務所内で処遇を変えるのは非効率なため，刑期の長さではなく処遇方法の違いで刑務所を区分し，そこに適格な受刑者を割り振ることが望ましいといえよう[18]．

(3) 現場のやる気を引き出す

　平成18年に明治以来の監獄法が廃止され，新たに「刑事収容施設及び被収容者等の処遇に関する法律」が施行された．新法の特徴は，受刑者の社会復帰の重視と刑務所での待遇改善である．前者は就労支援の促進，性犯罪や薬物離脱などに関する特別改善指導という形で反映されている．後者については，手紙，電話，面会の制限緩和や個室化による居住環境の改善などがあげられる．

　社会復帰重視へのシフトはすでに述べたように社会定着による再犯防止という観点からも望ましい方向性といえる．一方，待遇の改善は単独での評価は難しい．なぜなら，他の事情一定の下で刑務所での暮らしを快適にすれば刑務所の居心地がよくなり，刑務所を居場所とする人の数が増えるからである．

　ある刑務所を訪問したとき，そこの処遇主任から「憲法25条で定められている『健康で文化的な最低限度の生活』とはここでの生活のことだ」と言われたことがあった．確かに100%国家負担によって一定レベルの生活が保障されているのは刑務所だけだろう．ホームレスの存在自体が憲法25条に反すると言われても仕方ない．ただし，刑務所で生活保障を受けるためには，悪事を働く必要がある．

　別の刑務所の所長は，「ある高齢の受刑者から『所長さん，お願いですから死ぬまでここに置いてください』と会うたびに頭を下げられる」と話した．おそらくその受刑者は，刑務所を出ると今以上の生活水準を維持するのが難しいことを知っているのだろう．刑務所は単に衣食住を保障するだけはでない．栄養管理が行き届いた規則正しい生活により，どの受刑者も入所後には健康状態が改善するという．また，必要と診断されれば手術も受けられ，重い腎臓疾患の場合は人工透析までやってくれる．近年，「刑務所の方がい

い」とか「刑務所に入りたくてやった」などという動機から万引きや無銭飲食などの犯罪に走るケースが増加していることはよく知られている[19]．刑務所内の待遇改善が進めば進むほどこうした「刑務所志願者」は増加することが予想される．

　人道的観点からいえば，刑務所での処遇が憲法25条をクリアするレベルまで改善されることは望ましいことといえる．しかし，ただ改善しただけでは上記のような問題が生じてしまう．こうした事態を防ぐための方法は2つ考えられる．ひとつは，出所後の社会復帰支援としての更生保護の重視である．もうひとつは，刑務所の成果に対して社会が正当な評価を与えることである．前者については次項で触れるのでここでは後者について考えよう．

　刑務所は犯罪者の矯正を目的としているが，その成果について問われることはほとんどない．たとえば，出所者の再犯率の高さによって刑務所長や職員の給与査定が行われるわけではない．その理由は，受刑者の出所後の行動について刑務所は関知すべきでないというものである．元受刑者といえども刑務所を出れば一般人であり，その行動に刑務所が関与することは職務を逸脱しているというわけだ．

　刑務官は刑務所の中で受刑者と常に向き合っているため，両者の間に一定の人間関係が生まれることは否定できない．刑務官にしてみれば，受刑者が出所後に無事に社会復帰を果たしたかどうか気になってもおかしくはない．しかし，先の理由から出所後の元受刑者とのコンタクトは禁止されるために，犯罪者の更生という観点から自らの仕事の成果を確認することは難しくなっている．また，刑務所長は法務省の人事ローテーションに組み込まれ，1～2年で異動することが多いため，任期中に仕事の成果を確認できるケースは稀である．

　このようにプラスの成果が評価されにくい一方，一旦刑務所で不祥事が起これば大きな社会問題となる．受刑者による暴動，脱獄，死亡事件は刑務所内の御法度である．2002年に起きた名古屋刑務所における受刑者暴行死傷事件はいまだ記憶に新しい．刑務所は世間から隔離された施設であるため，その内部でどのようなことが行われているか外から見えにくい．いきおい事件の背景などが明らかにされないまま受刑者の暴行死という衝撃的な部分だけが大々的に報道されるのである．

こうした状況のもとで想定される刑務所の行動指針は「事なかれ主義」である．すなわち，刑務所の最大の使命は受刑者を一定期間預かり社会に戻すことのみと割り切り，刑務所内での無事故を最大の目標とするのである．なまじ受刑者の社会復帰促進を目指して先進的な試みを導入したばかりに，前述のような不祥事でも起これば元も子もない．本省の方針に従い，それ以外のことは何もしないのが一番なのだ．

　特別改善指導など全国レベルで導入された新しい試みに関しては，今後，出所者の再犯率などの調査を通じてその評価がなされるだろう．しかし，それはあくまでトップダウン的な政策であり，現場の創意工夫によって生まれたものではない．むしろ，「言われたとおりにしておきさえすればよい」「それで何か問題が起これば本省の責任だ」というモラルの低下を引き起こしかねない．単なる処遇改善だけを進めれば，これまで「アメとムチ」を巧みに使い分けてきた現場の士気は確実に下がるだろう．

　重要なことはいかに現場のやる気を引き出すかである．刑務所長に対しては，環境に応じた新しい試みを奨励するとともに，そこから生じうるリスクを減らし，成果を正しく評価することが重要である．他方，刑務官のやる気を高める最も効果的な方法は，受刑者の普段の生活態度から矯正の程度を正しく評価し，それを着実に仮釈放につなげていくことである．仮釈放は社会復帰を目指す受刑者本人にとって喜ばしいことはもちろんのこと，刑務官にとっても仕事の成果の証でもあるからだ[20]．

(4) 更生保護のあり方

　法務省には更生保護官署という部署がある．その地方出先機関である保護観察所は支部と駐在官事務所まで含めて全国に 82 カ所あり，そこに 1,000 人ほどの保護観察官が勤務している．保護観察所が対象とするのは，仮釈放による刑務所出所者，刑の執行猶予判決を受けた者，保護観察処分を受けた少年などである．

　行政による保護観察の考え方は，罪を犯した人間が再犯することなく社会復帰できるかどうか見守り観察することである．なぜなら，法務行政としては，犯罪者を刑務所で「矯正」したことでその主たる任務は終わっていると解釈できるからである．したがって，職務としてはあくまで「保護」し「観

察」することであり，上述のように数も配置人員も限られている．このことは，平成22年度の法務省更生保護官署の予算規模が矯正官署のわずか8分の1に過ぎないことからもわかる．

　保護と観察だけで更生が可能ならばこれほど楽なことはないだろう．刑務所と異なり，現実の社会では衣食住は用意されていない．容易に仕事が見つかるとは限らず，その一方でさまざまな誘惑もある．円滑に社会復帰を実現させるためには「支援」という発想が必要となるのである．

　そのため，実際の更生保護サービスは，保護司と呼ばれるボランティアと更生保護施設という民間の事業者によって支えられている．このうち，保護司は担い手の不足と高齢化という問題を抱えている．全国保護司連盟の調べでは，平成22年1月時点の全国の保護司数は48,851名で定員を3,000人以上下回っている．さらに，そのうち60歳以上の割合は実に75%である．

　一方，更生保護施設は全国に104あり，収容定員は2,327人である．保護観察対象者が7万人ほどいるといわれているなかで，きわめて少ないといわざるを得ない．そもそも更生保護の考え方自体は民間の篤志家の善意から生まれたもので，現在ある施設のほとんどがその流れをくんでいる．しかし善意だけに頼る仕組みは脆弱である．とくに「無縁社会」と称されるようにコミュニティの弱体化によって人と人との繋がりが薄れてゆくなかで，犯罪という形で一旦社会からこぼれ落ちた人たちが再び復帰を果たすのは容易なことではない．更生保護が善意以外のインセンティブに頼るための仕組みを構築していかなければならない．

　このような話になると，更生保護行政にも十分な予算を回し，政府が更生保護に直接乗り出すべきだという意見が出そうだが，それには賛成できない．その理由としては，戦後の障害者福祉政策がこれまで辿ってきた経緯を考えてみればわかりやすい．

　日本で障害者福祉行政が本格的にスタートする前，障害者の更生は民間の篤志家の手に頼っていた．「この子らを光に」で有名な滋賀県の近江学園や，日本最初の知的障害者施設である滝乃川学園はその典型例である．その後，経済成長によって国家予算の規模が拡大するにつれ，養護学校や障害者施設が全国に次々と設立された．ところが，皮肉なことに施設が完成し始めるとこうした福祉政策への疑問が提示されるようになる．本来の福祉は障害

者を施設に隔離することではなく，社会で自立するための支援という考え方である．つまり，福祉それ自体が障害者の居場所になるのではなく，あくまで居場所は社会にあるべきという発想なのだ．

こうした考えを立法化したのが障害者自立支援法であるが，これに対しては，当事者と施設サイドから猛反対が起こる．これまで長年にわたって福祉を居場所として頼り切っていた障害者にとっていきなり社会に居場所を作れといっても難しい一方，施設にしても障害者の自立や社会復帰という方向転換にはノウハウの蓄積もなく直ちについて行けないことが主な理由である．

更生保護行政はこうした教訓を生かすべきである．更生保護施設に潤沢な予算をつければ対象者を受け入れること自体が目的化し，施設が元受刑者の居場所になってしまう．障害者自立支援法施行後に見られる望ましい方向のひとつは，企業や親の意識が変化し，障害者の就労がさほど珍しいことでなくなった点であろう．施設の中には雲仙の南高愛隣会のように施設生活者を街に出し，次々と就労に結びつけているところもある．そして岡山の株式会社トモニーは近隣の高齢者施設の仕事を引き受けることで多くの障害者を雇用している．

更生保護の分野はこれまで行政の関与が少なかったため，民間の知恵を生かしやすい土壌が備わっている．実際，先の南高愛隣会やトモニーは既存の自立支援の仕組みを転用する形で元受刑者の就労に取り組んでいる．他にも，東京・代々木にある更生保護法人両全会は立地を生かし，女性の元受刑者の就労支援を積極的に行っている．施設内での規則的な生活と掃除洗濯などの奨励により，ホテルでの清掃などの仕事につくことが可能になるという．更生保護施設では平均の滞在期間が3〜4か月と短いため，その間に自立の準備をさせるのは厳しいが，この点も逆に解釈すると，そうした期限の存在が施設にとって就労支援の能率を高める動機付けになるとも考えられよう．

行政に求められるのは，自らが更生保護サービスに乗り出すのではなく，こうした民間のアイディアを積極的に引き出し，それが広がっていくよう支援することである．さらに，社会に対しては，元受刑者の就労が珍しくないことをPRし，あわせて比較優位の原則からそれが社会全体の利益になると説明することである．

5 まとめ

　以上，本論文では刑事政策をめぐる論点のうち，厳罰化，裁判，更生の3点について経済合理性の観点から考えてきた．

　厳罰化の効果については，犯罪を抑止する効果と犯罪者を無力化する効果を分けて考えることが重要である．抑止効果のない犯罪の罰則を重くしても刑務所収容人数が増えるだけだからである．さらに，罰則強化が一定程度の犯罪抑止効果を持つのは当然であることから，より注目すべきは刑務所収監年数の延長によるコスト増や他の犯罪への代替効果である．

　次に政策に役立てるべき実証分析を行うにあたって，罰則の重さを表す代理指標が外生的な政策変数ではなく，犯罪件数の増加の影響を受けた内生変数であることを考慮しなければならない．日本においては，これらの点を踏まえた分析がほとんどなされておらず，実証的な根拠もなしに罰則の変更がなされているのが現状といえる．

　刑事裁判は一般的に「真実を明らかにする場」とみなされることが多いが，実際には検察官と弁護士が裁判官から有利な判決を引き出すための駆け引きの場である．そのギャップが被害者を苦しめ，被害者救済策として加害者の厳罰と刑事裁判の応報的側面の強化につながっている．こうした点を改善するためには，修復的司法の考え方を導入することが望ましい．刑事裁判の役割を問題解決のための最適解を客観的に見出すことと位置づける一方，被害者の被った損失に対しては経済面と精神面で社会が十分な補償を行う必要がある．

　更生に関しては，どのような犯罪者も死刑にならない限りは社会復帰するという前提に立った上で，刑務所出所後に速やかに社会の一員として活動し，各自が比較優位を持つ分野で社会貢献できるような仕組みを作ることが重要である．

　刑務所内の処遇についても，現在の義務化された刑務作業のあり方を見直し，刑の重さだけではなく更生の可能性や受刑者の能力に応じて収容施設を区分し，刑務所での生活が社会復帰につながりやすいように工夫する必要がある．

　いくらこうした環境整備を行っても，実際に受刑者に接するのは現場の刑

務官である．現在の刑務官の仕事は，外部からのプラスの評価がされにくい一方，何か事件があれば責任を問われるため「事なかれ主義」に陥る可能性が高い．今後は仮釈放制度の柔軟な活用など刑務官にとって受刑者の社会復帰をサポートするインセンティブを与える工夫が必要である．

　受刑者出所後の更生保護は法務行政において今後きわめて重要な役割を担うことになろう．この分野がこれまで民間の力によって切り開かれてきた歴史的経緯を踏まえ，行政は安易に予算をつけるのではなく，民間の創意工夫をバックアップする形で支援する必要があるだろう．

［注］

1　刑事政策に関する「法と経済学」的アプローチは，S・シャベル（2010）第Ⅴ編にまとめられている．また，刑罰の実証分析をサーベイした論文としては，Levitt=Miles（2007）があげられる．

2　以下の説明は，Polinsky=Shavell（2000）に基づく．

3　平成17年4月20日に開催された「生活保護費及び児童扶養手当に関する関係者協議会」における厚労省提出資料（http://www.mhlw.go.jp/shingi/2005/04/s0420-7.html）による．

4　刑務所の収容費用と生活保護費の単純比較の問題点をあげておく．まず刑務所は個人単位で収容されるが，生活保護は世帯単位で支給される．世帯には配偶者や子どもも含まれ，出産扶助や教育扶助も支給される．次に，矯正施設関連予算には刑務所の（帰属）家賃は含まれないが，生活保護には住宅扶助が算入されている．他にも細かい差異はあるが，生活保護費の半額以上を占める医療扶助については，刑務所でも受刑者が同等の医療サービスを受けられる点で問題はなく，さらに生活の質的な面についても新法施行以来，刑務所での処遇は行動の自由が制限される以外はきわめて社会での生活に近くなっていることから大きな違いはないものと思われる．

5　法務省『矯正統計年報』（平成19年）より，強盗，強姦，殺人の罪で収監された新受刑者数を年齢別に見ると，25〜29歳をピークに減少していくことがわかる．ただし，これは再入受刑者の統計ではないため，累犯の高齢者が含まれていない．この点には留意すべきである．現行の『矯正統計年報』には再入受刑者について年齢別の統計表が存在していない．これは統計としてきわめて不備な状態といわざるを得ない．

6　浜井（2008）では犯罪数の代理変数として何を用いるべきかについて詳細な解説がな

されている．たとえば，警察統計から入手できる認知件数，検挙件数を用いる場合には，それがフィルターを通った数値であることを認識する必要があると指摘している．認知件数の場合，被害者ないし目撃者が事件を警察に届け出た上に，警官がそれを事件と判断する必要がある．検挙件数ではさらに警察の検挙というフィルターがかかる．新規刑務所入所者ということになれば，さらに検察官によって起訴され，裁判所で有期刑が確定されるというプロセスが加わる．こうしたことから，浜井（2008）は「フィルターが多く，フィルターに人の主観的な判断が加わるほど，官庁統計は，犯罪発生量の統計（操作的定義）としての妥当性・信頼性を失っていくことになる」と述べている．

7 標準的な計量経済学のテキストであれば内生性の問題とその対処方法はひととおり述べられている．

8 アメリカを対象とした研究では主たるデータ・ソースは連邦捜査局（FBI）が公表している犯罪白書（Uniform Crime Reports）と，司法省統計局（Bureau of Justice Statistics）の統計である．両局はともに司法省の傘下にあり，前者からは各州の犯罪種別の件数など，後者からは郡ごとの刑務所収容者数などをとることができる．アメリカは州の独立性が高いため，州ごとに刑罰が異なるだけでなく，連邦法で規定されているものでも州によって実施の度合いに温度差がある．この違いがアメリカ国内におけるサンプルのバラツキをもたらし，さまざまな実証分析を可能にしている．

9 松村・竹内（1990）では内生性の問題が深刻ではない理由として，検挙率がほぼ1近傍で安定していること，判決率が短期的には殺人事件数の影響を受けないことをあげているが，これらはあらかじめ仮定されるものではなく，実証分析を通じて検証されるべき仮説といえる．

10 牛山敦，2008，「著作権法犯の法定刑引き上げの犯罪抑止効果に関する実証分析──強盗犯と比較して──」，政策研究大学院大学政策研究科知財プログラム．

11 たとえば，2011年2月1日付『朝日新聞』によれば，前日に「民主党小沢一郎氏強制起訴」の号外を受け取った女性が「裁判で真実を明らかにしてほしい」と話したとの記述がある．また，2010年7月16日の同新聞は，公職選挙法違反の罪に問われた被疑者が逮捕の不当性を訴え，「裁判で真実を明らかにしたい」と述べたと報じている．

12 修復的司法についての基本的な考え方を示した書としてはゼア（2005），ブレイスウェイト（2008）を参照．また，ニュージーランドをはじめ諸外国における修復的司法の実践例については，藤本（2004）を参照．

13 太田（2004）は修復的司法は加害者と被害者の和解を強要するものではないとした上

で，刑務所内での矯正プロセスに修復的司法の考え方を取り入れた「修復的矯正」を提唱している．
14 受刑者の更生のあり方に関しては後に詳述する．
15 無差別殺人や通り魔殺人のような事件は社会災害として位置づけ，自然災害と同様の扱いをすべきだろう．自然と人間は違うという意見もあるだろうが，こうした事件を起こす犯人は死刑願望を口にするなど動機が意味不明であることが多く，通常の殺人事件よりもむしろ天災に近いもののように思われる．すなわち被害者と加害者の関係性が全く存在せず，その場所に居合わせたことが不運だったということである．そうだとすれば，自然災害補償と同じく，社会災害補償として被害者救済の仕組みが必要ではないか．
16 生産量を等しくするためには不得意なものに多くの時間を配分しなければならない．Aの場合，魚に比べて肉の生産が不得意なので，20時間を3対2の割合で肉と魚に分けることになる．すなわち，肉に12時間，魚に8時間が配分され，ともに生産量は4トンとなる．BとCの場合もこれと同様に計算すればよい．
17 もちろん，元受刑者の能力が一様に劣っているわけではない．しかし，後に触れるように，新規受刑者の4分の1がIQ (CAPAS) 70以下であり，7分の1が60歳以上の高齢者であることを考えれば，そうした人たちの社会復帰には比較優位の発想が必要なことは明らかと思われる．
18 犯罪傾向の進んだ受刑者を収容する刑務所では集団管理コストの低い刑務作業方式が相応しいだろう．
19 朝日新聞2010年12月6日朝刊．
20 仮釈放の乱発は望ましいことではないが，長期受刑者のいる刑務所では仮釈放が出たという知らせは現場の士気を格段に高めるという．現在は，被害者感情を考慮してか仮釈放が認められにくい傾向にあり，平成14年には出所者の56％だった仮釈放が平成21年には49％となっている．

［文献］

Drago, F., R. Galbiati, and P. Vertova, 2009, "The Deterrent Effects of Prison: Evidence from a Natural Experiment," *Journal of Political Economy*, 117(21): 257-280.

Kuziemko, I. and S.D. Levitt, 2004, "An Empirical Analysis of Imprisoning Drug Offenders," *Journal of Public Economics*, 88: 2043-2066.

Levitt, S.D. and T.J. Miles, 2007, "Empirical Study of Criminal Punishment," in Polinsky, A.M. and S. Shavell (eds.) *Handbook of Law and Economics* 1: 468-495.

Levitt, S.D., 1996, "The Effect of Prison Population Size on Crime Rates: Evidence from Prison Overcrowding Litigation," *The Quarterly Journal of Economics*, May: 319-342.

――, 1998a, "Why do Increased Arrest Rates Appear to Reduce Crime: Deterrence, Incapacitation, or Measurement Error?," *Economic Inquiry*, 36, July: 353-372.

――, 1998b, "Juvenile Crime and Punishment," *Journal of Political Economy*, 106(6): 1156-1185.

Polinsky, A.M. and S. Shavell, 2000, "The Fairness of Sanctions: Some Implications for Optimal Enforcement Policy," *American Law and Economics Review* 2: 223-237.

秋葉弘哉, 1993, 『犯罪の経済学』多賀出版.

牛山敦, 2008,「著作権法犯の法定刑引上げの犯罪抑止効果に関する実証分析――強盗犯と比較して――」政策研究大学院大学政策研究科知財プログラム.

太田達也, 2004,「矯正における修復的司法の展望と課題――『修復的矯正』の実現に向けて」『矯正教育研究』49：3-18.

シャベル・S., 2010, 田中亘・飯田高訳『法と経済学』日本経済新聞出版社.

ゼア・H., 2005, 西村春夫他訳『修復的司法とは何か』新泉社.

浜井浩一・芹沢一也, 2006,『犯罪不安社会』光文社新書.

浜井浩一, 2008,「犯罪統計は何を測っているのか」浜井編『犯罪統計入門――犯罪を科学する方法』日本評論社, 第3章：11-24.

――, 2009,『2円で刑務所, 5億で執行猶予』光文社新書.

浜井浩一・T. エリス（2009),「日本における厳罰化とポピュリズム――マスコミと法務・検察の役割, 被害者支援運動」『グローバル化する厳罰化とポピュリズム』現代人文社, 第4章：90-127.

藤本哲也編, 2004,『諸外国の修復的司法』中央大学出版部.

ブレイスウェイト J., 2008,『修復的司法の世界』成文堂.

松村良之・竹内一雅, 1990,「死刑は犯罪を抑止するか――アーリックの分析の日本への適用の試み」『ジュリスト』959.

（なかじま・たかのぶ）

第4章

人口減少・高齢化社会における更生保護 実務家からの視点

久保 貴（関東地方更生保護委員会）

1 人口減少・高齢化

　これまで一貫して増加してきた日本の人口が今後減少に転じることは，様々な機会に，人口統計の指標などを用いて指摘されている．例えば，津谷・樋口（2009）は，「わが国の人口は2004年の127,787,000人をピークに，2005年以降，減少局面に入った．最新の公式将来人口推計（出生および死亡の中位仮定）によると，人口減少のテンポは今後加速し，2046年には1億人を割り込み，2055年には8,993万人にまで減少すると予想される．これは50年間でおよそ3割の減少であり，その速度は2010年頃の年平均−0.2%から2020年代後半の年平均−0.7%，さらに2040年以降は年平均−1.0%以上へと，徐々に速くなっていく．」（ⅰ頁，原文は縦書き）と指摘している．さらに，日本の人口の減少は，単に総体としての減少が問題なだけではなく，人口構成の変化（高齢人口の相対的増加＝人口の高齢化）が顕著であること，社会の様々な機能を維持させていくためには，人口構成の変化こそが重要な問題であることも，多くの局面で指摘されている．
　津谷・樋口（2009）では，「持続的人口減少はまた，超高齢化を伴ったプロセスでもある．わが国は現在世界で最も人口高齢化が進んだ国のひとつであり，またその速度も欧米先進諸国と比べてずっと速い．この急速な高齢化は今後も続くことが予想され，上記の将来人口推計によると，2005年に20%であった総人口に占める65歳以上の老年人口の割合は，2055年に約41%へと上昇し，倍増する．老年人口の高齢化はさらに急速で，老年人口を65

〜 74 歳の前期高齢者と 75 歳以上の後期高齢者に分けると，2005 年に総人口の 9 ％であった後期老年人口割合は，2055 年にはおよそ 27 ％と 3 倍になることが予想される．

この急激な人口の超高齢化とともに，15 〜 64 歳の生産年齢人口は 1990 年代半ば以降，すでに減少へと転じており，今後も減少を続けると予想されることから，生産年齢人口 100 人当たりの後期老年人口の比は 2005 年には約 14 であった（生産年齢の者 7 人で後期高齢者 1 人を支えていた）ものが，2055 年には約 52（生産年齢人口 2 人弱で後期高齢者 1 人を支えている）という状況が出現することが示唆される．」（ⅱ頁，原文は縦書き）として社会経済体制の変化を指摘しており，「このような劇的な人口変動がわが国の経済・社会全般に持つ意味は非常に大きく，特に公的年金を中心とする社会保障制度や保健・医療・介護保険制度，労働力・労働市場や雇用慣行，そして経済全体への長期的なマイナスの影響が懸念されている．」（ⅲ〜ⅳ頁，原文は縦書き）との認識を示している．

人口構成の変化に関しては，平成 2（1990）年から平成 20（2008）年までの人口の変化を年齢層別に見ると，20 歳未満は一貫して減少しており，20 歳代も若干の減少傾向を示しているが，30 歳代では一旦は増加した後減少傾向に転じている．40 歳代では一旦は減少したが再び増加しており，50 歳代では増加後減少傾向を示している．60 歳代，70 歳代，及び 80 歳以上では，一貫して増加している．総数としては，若干の増加から減少に転じているが，年齢構成が急激に高齢化しており，人口構成の変化が著しいことが分かる．

2　持続可能性

犯罪をした者や非行をした少年に対する処遇には，刑務所や少年院等の矯正施設において行われる施設内処遇と，施設に収容せずに社会において通常の生活を営ませながら処遇を行う社会内処遇とがある．日本における社会内処遇制度は，保護観察を中心とする更生保護制度である．更生保護制度の持続可能性を考える前提として，施設内処遇と社会内処遇のコストを比較した場合，直接的なコストでは社会内処遇の方が圧倒的に安価である．コストの

少ない制度の方がより持続可能であるという一般的な命題から，人口の減少に伴う社会経済状況の変化（悪化）を考えると，今後は，社会内処遇の活用がより一層高まるであろうと考えられる．もちろん，この点についても詳細な検討が必要ではあるが，ここでは，他の処遇方策（特に施設内処遇）との比較において，社会内処遇の方がより持続可能であり，今後，社会内処遇がより一層活用されるということを所与のものとして，人口減少及び人口構成の変化（高齢化）が更生保護制度にどのような影響を与えるかを考えてみたい．

　持続可能性を考える場合，二つの側面がある．第一の側面は，持続可能性に影響を与える要因についてである．何のどのような変化が持続可能性に影響するのかを検討する必要がある．第二の側面は，持続可能性の主体についてである．何がどのように持続可能なのかを検討する必要がある．二つの側面は相互に関連したものではあるが，概念的には区別することができる．

　持続可能性を考える際の第一の側面については，組織あるいはシステムの持続可能性に影響を与える要因としては，通常，人口の変化（増加あるいは減少）及び人口構成の変化（例えば，高齢人口の相対的増加）が挙げられる．特に，人口の減少が組織（システム）にどのような影響を与えるか，人口構成の変化（特定年齢層の相対的な増加あるいは減少）が組織（システム）にどのような影響を与えるかを検討することになる．想定される変化に対して，組織（システム）が従来どおり機能するかが問題とされている．人口及び人口構成以外にも，経済的要因，社会的要因，文化や価値観の変化なども組織（システム）に影響を与える可能性があるが，人口の変化あるいは人口構成の変化が，それらの諸要因の変化を引き起こす場合も多いことから，ここでは人口の変化及び人口構成の変化を持続可能性を検討するための要因として取り上げることとしたい．

　更生保護において持続可能性を考える場合にも，人口の変化及び人口構成の変化の影響を考える必要がある．更生保護においては，人々・社会の価値観（犯罪感，刑罰観，治安に対する考え方等）の変化，社会経済状態の変化などが大きな影響を及ぼしていると思われるが，それらの影響は人口の変化及び人口構成の変化とは相対的に独立していると考えられる．日本では，先に述べたように，これまでほとんど経験したことのない人口の減少と人口構

成の変化（高齢人口の急激な増加＝高齢化）が予測されていることから，それらの要因が更生保護に及ぼす影響について検討することとする．

　持続可能性を考える際の第二の側面については，「持続可能な○○」という場合，○○には様々なものが当てはまる．例えば，持続可能な経済体制，持続可能な税制，持続可能な医療制度，持続可能な社会などを挙げることができる．それらに共通する持続可能性とは，経済，税制，医療，社会などの組織・機能を維持することができるかどうかという観点から捉えられている．経済体制では経済が発展が続けられるかどうか，税制では国や制度を維持するための収入が得られるかどうか，医療体制では適切な医療を提供することができるかどうか等である．

　ある組織が社会に存在する場合には，その組織は目的を達成するという機能を持っている．第一の側面である要因の変化に際して，当該組織が目的を達成するという機能を維持できるかどうかが，第二の側面である．ここでは，組織が組織として存在し続けるだけではなく，その機能を十全に発揮できるかどうか，目的を達成できるかどうかが問われることになる．さらに，第一の側面である要因の変化に対応して，組織の機能をどのように持続させるのか，組織が目的を達成するためには，当該組織にはどのような変化が求められているかを問うことにもなる．これまでと同様のことをしていれば組織がその機能を維持できるのであれば，それほど問題は生じない．しかしながら，組織がその機能を維持する（目的を達成する）ためには，何らかの変化が必要な場合，求められる変化の方向性（これまでの仕組みを組み換えるのか，あるいは新しい仕組みを作るのか）についても検討しなければならない．

3　更生保護における持続可能性

　更生保護において持続可能性を考える場合，更生保護制度の何を持続させるのかを検討する必要がある．

　これまで，「更生保護」と「更生保護制度」をあまり区別しないで使用してきたが，「更生保護」という場合と「更生保護制度」という場合では，少し視点が異なっているように思われる．「更生保護」では，その目的，何を目指しているのかに焦点が当てられており，「更生保護制度」では，更生保

護の目的を達成するための仕組みに焦点が当てられているように思われる．しかしながら，更生保護の目的とその目的を達成するための制度は，ある意味では不可分のものであり，ここでは，更生保護という場合には目的に重点を置き，更生保護制度という場合にはその目的を達成するための具体的な組織体制に重点を置くことにする．

　更生保護の目的は，「更生保護法」の第 1 条において「……犯罪をした者及び非行のある少年に対し，社会内において適切な処遇を行うことにより，再び犯罪をすることを防ぎ，又はその非行をなくし，これらの者が善良な社会の一員として自立し，改善更生することを助け……もって，社会を保護し，個人及び公共の福祉を増進することを目的とする．」と規定されている．更生保護の究極の目的は，社会の保護と個人及び公共の福祉の増進にあることは明確であるが，具体的には，更なる犯罪や非行を防ぐことと犯罪をした人や非行をした少年を立ち直らせることが併記されており，そのための手段として社会内において処遇を行うことが述べられている．

　犯罪をした人や非行をした少年に更なる犯罪や非行をさせないこと（再犯防止，再非行防止）と犯罪をした人や非行をした少年を立ち直らせること（改善更生）のどちらに重きを置くかについては，様々な考え方がある．一方では，再犯・再非行を防止することにより立ち直りにつなげるとする考え方があり，他方では，立ち直らせることにより（結果として）再犯・再非行を防ぐことにつながるとする考え方がある．実務上，特定の状況においては両者が両立しない場合があることは否定しないが，そこでは，社会の保護，個人及び公共の福祉とのバランスでどちらに高い優先順位をつけるかが個別的に決定されるのであり，常にどちらか一方が他方に優先するわけではない．いずれにせよ，再犯・再非行の防止と改善更生が，更生保護の具体的な目的であると言えよう．

　そのような目的を達成するための体制としては，現在の更生保護制度は，保護観察官と保護司の協働態勢による処遇を考えている．国家公務員であり社会内処遇の専門家としての保護観察官と，非常勤国家公務員ではあるが（給与が支給されず）民間の篤志家である保護司とが，相互に連携して保護観察を実施している．保護観察官と保護司を中心とする現在の更生保護制度（ここでは，その中心的位置を占めている保護観察制度を想定している）で

は，約 1,000 人の保護観察官と約 50,000 人の保護司が全国に配置されており，保護観察を実施している．更生保護制度の持続可能性を考える場合には，組織の規模も検討すべき要因の一つになるが，更生保護においては，処遇を行う側として，特に民間の篤志家である保護司の確保が問題になる．この点については，後ほど検討することにする．

　保護司に関しては，保護司の数だけではなく，更生保護における保護司の存在自体について，現時点でその意義を再度認識する必要があると思われる．

　社会内処遇においては，地域社会の理解と支援，そして参加が不可欠である．行政機関のみではできることは限られており，地域社会の関与がなければ社会内処遇は機能しない．これは行政機関の力が量的に不足しているからではなく，社会内で犯罪をした者や非行をした少年の改善更生を助けるための処遇を行うという機能に内在する本質的な要請である．現行の更生保護においては，保護司が処遇者として位置付けられているとともに地域社会への橋渡しの役割も期待されている．保護司制度は，処遇者としての保護司の機能を活用するためだけではなく，保護観察を受ける者と地域社会との橋渡しを行う，地域社会の力を引き出す，あるいは地域社会と行政機関をつなぐ存在としての保護司の役割をも意図しているものと考えられる．約 1,000 人の保護観察官と約 50,000 人の保護司という処遇者としての態勢だけではなく，民間のボランティアである保護司が更生保護制度の中核として位置付けられていること自体が，社会内処遇における地域社会の役割の重要性，地域社会との橋渡しの重要性を示すものであり，「地域における処遇」である社会内処遇の理念を具現しているのではないかと思われる．このような保護司制度をより一層充実させ，その機能を十全に発揮できるようにしていくことが，更生保護が今後も持続可能であるためにも不可欠であると考えられる．

4　人口減少・高齢化が更生保護に与える影響

(1) 現状

　保護観察は，ある程度の期間継続して実施されるものであり，保護観察を受けることになった事由及び保護観察を受ける人それぞれの条件に応じて保護観察期間はまちまちであることから，保護観察を受ける人の総数をどのよ

うに捉えるかには様々な指標が考えられるが，ここでは当該年に新たに保護観察を受けることになった人数を用いることにする．

現行の保護観察制度には，少年に対する保護観察と成人に対する保護観察がある．少年に対する保護観察には，家庭裁判所において保護観察処分を受けた少年に対する保護観察（保護観察処分少年），家庭裁判所において少年院送致となり，少年院における処遇を経て，少年院を仮退院となった者に対する保護観察（少年院仮退院者）がある．成人に対する保護観察には，刑事裁判所において懲役等の自由刑の宣告を受け，刑務所等の矯正施設における処遇を経て，刑務所等を仮釈放された者に対する保護観察（仮釈放者），刑事裁判所において懲役刑等の宣告を受け，その執行を猶予されている者のうち，執行猶予の期間中保護観察に付されたものに対する保護観察（保護観察付執行猶予者）がある．

新たに保護観察を受けることになった人数の推移について見てみよう．総数で見ると，昭和50（1975）年には4万5,000人弱であったものが，その後一貫して増加し，昭和58（1983）年には10万人を超え，昭和59（1984）年には10万2,700人に至っている．昭和62（1987）年までは10万人を超えていたが，昭和63（1988）年には9万6,000人弱に減少している．その後は一貫して減少を示しており，平成5（1994）年には8万2,000人，平成6（1995）年には7万5,000人と急激に減少している．平成15（2003）年までは7万人台を維持していたが，平成16（2004）年には6万8,000人，平成18（2006）年には5万8,000人と急激に減少しており，平成21年（2009）年には4万8,000人強にまで落ち込んでいる．過去20年では一貫して減少傾向が続いていることが分かる．

保護観察を受けることになった人数の推移を少年と成人に分けて見ると（**表1**参照），保護観察処分少年では昭和50（1975）年には2万1,000人強であったものが，その後一貫して増加し，昭和62（1987）年及び昭和63（1988）年には若干減少したものの，再び増加し，平成2（1991）年には7万4,000人弱に至っている．その後は減少に転じ，平成4（1998）年には6万8,000人台，平成6（1994）年には5万3,000人台に減少している．平成9（1998）年及び平成10（1999）年には若干の増加を示したが，平成12（2000）年には5万1,000人台に減少し，その後は急激に減少して

おり，平成21（2009）年には2万6,000人台にまで落ち込んでいる．

少年院仮退院者では，保護観察処分少年ほど減少傾向は顕著ではないが，昭和50（1975）年には1,500人台であったものが，その後は一貫して増加し，昭和60（1985）年には5,500人強に至っている．その後は減少し，昭和63（1988）年には4,700人台，平成6（1994）年には3,800人台にまで減少している．その後も若干の減少を示していたが，平成9（1997）年には再び4,200人台，平成11（1999）年には5,100人台と増加し，平成14（2002）年には5,800人台まで増加したが，平成15（2003）年からは再び減少に転じており，平成17（2005）年には4,800人台，平成20（2008）年には3,900人台，平成21（2009）年には3,800人台にまで減少している．

成人を見ると，仮釈放者では昭和50（1975）年には1万5,000人弱であったものが，昭和59（1984）年には1万8,700人台と緩やかな増加傾向を示している．その後は若干の増減を繰り返しながら，平成7（1995）年には1万2,100人台にまで減少したが，平成8（1996）年からは再び増加傾向を示し，平成11（1999）年には1万3,200人台，平成13（2001）年には1万4,400人台，平成14（2002）年には1万5,300人台，平成16（2004）年には1万6,700人弱にまで増加している．その後は再び減少傾向を示し，平成19（2007）人は1万5,800人台，となり，平成21（2009）年には1万4,800人台となっている．

保護観察付執行猶予者を見ると，昭和50（1975）年には7,000人台であったものが，昭和53（1978）年には8,500人台となり，その後も昭和57（1982）年までは8,000人台となっていたが，昭和58（1983）年には7,800人弱となり，昭和61（1986）年には6,400人台，平成元（1989）年には5,200人台，平成2（1990）年には4,700人台となり，平成3（1991）年には4,600人台にまで減少している．その後は再び増加傾向を示し，平成9（1997）年には再び5,000人台となり，平成16（2004）年までは5,000人台を維持していたが，平成17（2005）年には4,900人台となり，平成20（2008）年には3,700人台，平成21（2009）年には3,600人台にまで減少している．

まとめると，新たに保護観察を受けることになった人数は，全体としては

表1 保護観察新受人員の推移（昭和24年～平成21年）

年次	総数	保護観察処分少年	交通短期保護観察少年	短期保護観察少年	少年院仮退院者	仮釈放者	保護観察付執行猶予者	婦人補導院仮退院者	保護観察率
24年	36,221	6,317	…	…	848	27,799	1,257	…	…
25	59,739	13,291	…	…	3,121	43,106	221	…	…
26	69,446	23,612	…	…	5,505	40,147	182	…	…
27	77,999	22,657	…	…	9,704	45,465	173	…	…
28	58,237	16,994	…	…	7,724	33,427	92	…	…
29	59,206	16,702	…	…	7,295	32,824	2,385	…	…
30	61,265	17,094	…	…	7,375	32,435	4,361	…	…
31	65,893	17,003	…	…	7,161	34,821	6,908	…	…
32	68,699	19,253	…	…	6,427	35,290	7,729	…	15.0
33	67,592	20,763	…	…	6,481	32,046	8,282	20	18.2
34	70,361	23,410	…	…	7,256	31,230	8,369	96	19.0
35	71,720	24,408	…	…	7,797	30,824	8,525	166	19.1
36	65,319	22,757	…	…	7,206	26,708	8,562	86	19.8
37	61,158	21,607	…	…	6,598	24,356	8,556	41	20.4
38	59,310	22,569	…	…	6,456	22,043	8,216	26	20.6
39	60,513	26,044	…	…	6,143	20,432	7,883	11	20.1
40	62,258	28,173	…	…	6,301	19,430	8,350	4	19.4
41	64,542	30,647	…	…	6,423	18,953	8,513	6	19.9
42	62,950	29,055	…	…	6,240	19,871	7,779	5	18.7
43	60,643	28,549	…	…	5,016	19,534	7,542	2	18.2
44	56,228	25,999	…	…	3,895	19,171	7,161	2	18.4
45	55,320	27,383	…	…	3,167	17,861	6,908	1	17.8
46	52,525	25,403	…	…	2,888	17,458	6,771	5	16.5
47	50,096	23,900	…	…	2,540	16,427	7,228	1	16.0
48	46,088	20,686	…	…	2,188	16,024	7,187	3	17.0
49	44,310	19,942	…	…	1,812	15,542	7,014	-	17.5
50	44,958	21,384	…	…	1,593	14,933	7,048	-	16.8
51	48,791	23,981	…	…	2,071	14,671	8,068	-	17.2
52	58,774	33,735	12,471	…	2,763	14,379	7,897	-	16.9
53	70,874	44,934	23,963	…	3,066	14,373	8,501	-	18.1
54	76,226	50,031	28,472	…	3,440	14,625	8,128	2	17.3
55	83,652	56,322	30,638	…	4,063	15,206	8,058	3	17.3
56	86,871	59,214	33,083	…	4,285	15,036	8,336	-	18.5
57	91,771	63,519	35,642	…	4,644	15,385	8,223	-	18.6
58	100,019	70,385	41,772	…	4,945	16,890	7,798	1	17.0
59	102,737	70,758	42,924	…	5,569	18,718	7,692	-	16.8
60	101,971	71,411	44,361	…	5,585	17,795	7,180	-	16.0
61	102,434	72,268	45,499	…	5,580	18,130	6,456	-	14.8
62	100,140	70,747	45,565	…	5,313	17,603	6,477	-	15.2
63	95,736	68,367	44,099	…	4,753	16,540	6,076	-	15.7
元	96,341	70,322	46,586	…	4,614	16,200	5,205	-	14.4
2	97,801	73,779	50,298	…	4,333	14,896	4,793	-	13.7
3	93,218	70,684	48,021	…	4,058	13,831	4,645	-	14.2
4	90,419	68,972	46,279	…	4,298	12,417	4,732	-	14.3
5	82,052	60,363	40,567	…	4,189	12,532	4,968	-	14.4

年次	総数	保護観察処分少年	交通短期保護観察少年	短期保護観察少年	少年院仮退院者	仮釈放者	保護観察付執行猶予者	婦人補導院仮退院者	保護観察率
6	75,276	53,815	35,409	366	3,891	12,516	5,054	-	13.9
7	71,851	51,075	31,717	2,708	3,782	12,138	4,856	-	13.2
8	72,177	51,173	30,893	3,367	3,762	12,316	4,926	-	12.5
9	76,078	54,008	31,319	3,937	4,205	12,829	5,036	-	12.3
10	77,266	54,221	30,633	4,187	4,815	12,948	5,282	-	12.4
11	77,535	53,856	29,684	4,382	5,187	13,256	5,236	-	11.8
12	75,995	51,701	26,447	4,630	5,357	13,254	5,683	-	11.8
13	75,114	49,410	24,546	4,676	5,788	14,423	5,493	-	11.0
14	75,197	48,643	23,334	4,783	5,848	15,318	5,388	-	10.3
15	70,949	44,207	20,435	4,654	5,587	15,784	5,371	-	9.5
16	68,194	40,817	18,560	4,575	5,436	16,690	5,251	-	9.2
17	62,562	36,260	15,916	4,271	4,886	16,420	4,996	-	9.0
18	58,841	33,576	14,101	3,929	4,711	16,081	4,473	-	8.8
19	54,878	30,554	12,706	3,910	4,344	15,832	4,148	-	8.8
20	50,717	27,169	10,455	3,662	3,994	15,840	3,714	-	8.3
21	48,488	26,094	9,908	3,665	3,869	14,854	3,671	-	8.7

注:『犯罪白書　平成22年版』から引用.

　過去30年にわたり減少しているが，減少傾向に影響を及ぼしているのは少年の減少である．特に保護観察処分少年の減少が顕著であり，少年院仮退院者も増減を繰り返しながら減少はしているが，保護観察処分少年ほど減少が顕著ではない．一方，成人は全体としては若干の減少は示しているが，仮釈放者では，増減を繰り返してはいるもののおおむね横ばいの状態であり，保護観察付執行猶予者では若干の減少にとどまっている．さらに，少年の減少，特に保護観察処分少年の減少は過去20年の傾向であるが，成人の減少は過去数年の傾向であり，年齢による変化の違いが認められる．先にも述べたように，日本の総人口の推移は2005年をピークとして減少に転じており，更生保護における成人の減少はそれと軌を一にするものであると考えられる．
　少年の減少と成人の減少のタイムラグは，人口構成の変化を反映したものであると考えられ，高齢化の影響が更生保護における少年の減少として顕在化したものであると思われる．
　また，新受人員における成人と少年の比率（**表2**参照）は，昭和60（1985）年では24.5％と75.5％であり，約1対3であったものが，平成20（2008）年では38.5％と61.5％となり，約1対2となっている．保

表2　保護観察新受人員の構成比

年	保護観察処分少年	少年院仮退院者	仮釈放者	保護観察付執行猶予者	年	保護観察処分少年	少年院仮退院者	仮釈放者	保護観察付執行猶予者
1949	17.4	2.3	76.7	3.5	1980	67.3	4.9	18.2	9.6
1950	22.2	5.2	72.2	0.4	1981	68.2	4.9	17.3	9.6
1951	34.0	7.9	57.8	0.3	1982	69.2	5.1	16.8	9.0
1952	29.0	12.4	58.3	0.2	1983	70.4	4.9	16.9	7.8
1953	29.2	13.3	57.4	0.2	1984	68.9	5.4	18.2	7.5
1954	28.2	12.3	55.4	4.0	1985	70.0	5.5	17.5	7.0
1955	27.9	12.0	52.9	7.1	1986	70.6	5.4	17.7	6.3
1956	25.8	10.9	52.8	10.5	1987	70.6	5.3	17.6	6.5
1957	28.0	9.4	51.4	11.3	1988	71.4	5.0	17.3	6.3
1958	30.7	9.6	47.4	12.3	1989	73.0	4.8	16.8	5.4
1959	33.3	10.3	44.4	11.9	1990	75.4	4.4	15.2	4.9
1960	34.0	10.9	43.0	11.9	1991	75.8	4.4	14.8	5.0
1961	34.8	11.0	40.9	13.1	1992	76.3	4.8	13.7	5.2
1962	35.3	10.8	39.8	14.0	1993	73.6	5.1	15.3	6.1
1963	38.1	10.9	37.2	13.9	1994	71.5	5.2	16.6	6.7
1964	43.0	10.2	33.8	13.0	1995	71.1	5.3	16.9	6.8
1965	45.3	10.1	31.2	13.4	1996	70.9	5.2	17.1	6.8
1966	47.5	10.0	29.4	13.2	1997	71.0	5.5	16.9	6.6
1967	46.2	9.9	31.6	12.4	1998	70.2	6.2	16.8	6.8
1968	47.1	8.3	32.2	12.4	1999	69.5	6.7	17.1	6.8
1969	46.2	6.9	34.1	12.7	2000	68.0	7.0	17.4	7.5
1970	49.5	5.7	32.3	12.5	2001	65.8	7.7	19.2	7.3
1971	48.4	5.5	33.2	12.9	2002	64.7	7.8	20.4	7.2
1972	47.7	5.1	32.8	14.4	2003	62.3	7.9	22.2	7.6
1973	44.9	4.7	34.8	15.6	2004	59.9	8.0	24.5	7.7
1974	45.0	4.1	35.1	15.8	2005	58.0	7.8	26.2	8.0
1975	47.6	3.5	33.2	15.7	2006	57.1	8.0	27.3	7.6
1976	49.2	4.2	30.1	16.5	2007	55.7	7.9	28.8	7.6
1977	57.4	4.7	24.5	13.4	2008	53.6	7.9	31.2	7.3
1978	63.4	4.3	20.3	12.0	2009	53.8	8.0	30.6	7.6
1979	65.6	4.5	19.2	10.7					

注:『犯罪白書　平成22年版』から作成.

護観察では少年が中心であったものが，成人の比率が高くなってきていることが分かる．成人の比率が増加する傾向は今後も続くものと思われる．

　新たに保護観察を受ける人数の推移における少年の割合の減少（成人の割合の増加）が，人口構成の変化を反映したものであるとするならば，このような傾向は，今後，より顕著になると思われる．全体的な減少傾向とともに，保護観察処遇全体においても少年事件の割合が減少すること，言い換えれば，成人事件の割合が増加することを意味している．そのような変化に伴い，保

護観察における処遇の内容も，成人に対する処遇の方策を充実させることが，今まで以上に必要となるであろう．

(2) 影響

　人口の減少の更生保護に対する影響には，二つの側面がある．一つは，保護観察を受ける側に対する影響であり，他の一つは，保護観察を実施する処遇者側，特に保護司に対する影響である．

　保護観察を受ける側に対する影響については，上述したように，新たに保護観察を受ける人数の減少を引き起こすことになる．行政に従事する者としては，当該組織が取り扱う人数が少なくなることは，組織自体の規模の維持が難しくなることにもつながりかねないことを懸念する側面もあるが，その一方で，保護観察を受けることになる人数が減少することは，実数としての犯罪や非行が少なくなることを意味しているのであるから，ある意味では，社会にとっては好ましいことであると言うことができるかもしれない．また，保護観察を受けることになる人数が減少することは，処遇者側の人数が一定であるとすれば，一人の処遇者が担当する者の数が減少すること，言い換えれば，保護観察を受ける者にかかわることになる処遇者の数が増加することを意味しており，より充実した処遇を行うことができることも意味していると考えることもできる．

　処遇の充実に関しては，現行の保護観察では，保護観察を受ける者一人に対して，通常，一人の保護観察官と一人の保護司が指名されていることから，処遇を受ける者と処遇者との全体的な比率が変化したとしても，保護観察を受ける者にとってはそれほど変化はないように思われる．人口及び人口構成の変化に伴い，保護観察の処遇を充実させるためには，保護観察を受ける者一人に対して，保護観察官一人，保護司一人という現在の態勢を見なおすことも検討する余地があると思われる．例えば，保護観察を受ける者一人に対して，複数の保護司を指名することもあり得るのではないだろうか．処遇する側が複数でチームを組んで，多面的，多角的な処遇を実施するようなチーム処遇あるいは複数担当官制などの処遇態勢についても検討すべきであろう．複数の保護司の役割分担をどのようにするかを別途検討する必要があるが，現行の保護観察の処遇態勢を見直すことも，一つの方向性であると思われる．

処遇の充実の観点からは，現在，保護観察所が実施している各種の処遇プログラムの拡充も検討すべき方向性であると考えられる．現在，性犯罪を起こした者や覚せい剤事犯者，暴力傾向のある者，しょく罪指導を必要とする者などに対して処遇プログラムが実施されており，また，社会参加活動など社会性を身に付けさせるための処遇が，各保護観察所において実施されている．保護観察を受ける者が減少することにより，保護観察官の人数が現状のままであれば，保護観察官一人が担当する者の数は少なくなることから，保護観察を受ける者一人一人に対して使うことができる処遇時間が量的に増大することになり，時間の増加に伴い処遇内容も向上することにつながる．処遇プログラムの拡充とともに新たな処遇方策の導入も可能になると思われる．更生保護の目的が，再犯・再非行の防止と改善更生であることを考えると，処遇内容の充実は不可欠である．なお，ここで述べたことは，処遇者側の人数が一定であることが前提となっていることは言うまでもない．

　保護観察を実施する処遇者側に対する影響については，特に，民間の篤志家である保護司の確保に対して影響を及ぼすことが予想される．保護司は，次の「各号に掲げる条件を具備する者のうちから，法務大臣が委嘱する．」（保護司法第3条）とされ，その条件として「1．人格及び行動について，社会的信望を有すること．2．職務の遂行に必要な熱意及び時間的余裕を有すること．3．生活が安定していること．4．健康で活動力を有すること．」が挙げられている．保護司の任期は2年であり，76歳未満であれば再任が可能である．通常，保護司は任期ごとに再任されるが，76歳となり保護司を退任する人は一定数いることから，継続的に保護司の適任者を確保しなければならない．現在においても，上記の4条件を満たす人を，一定数，継続的に見付けることには，困難を伴う場合が多い．特に「2．時間的余裕」と「3．生活の安定」の条件を満たす人は，多くの場合，一定以上の年齢となっていることが多い．特に，人口の減少は，保護司の潜在的な候補者が少なくなることを意味しており，保護司適任者の確保が困難になることが予想される．その意味で，保護司の数も減少するおそれがある．しかし，その一方で，保護司の減少は保護観察を受ける者の減少と並行して生起するのであるから，両者がともに減少するのであれば，相対的にはそれほどの変化はないと言うこともできよう．現在の保護司数で十分という意味ではないが，先

ほども述べたように，保護観察を受ける者の数の減少と比較して保護司数の減少が相対的に少なければ，保護司一人当たりが担当する者の数が少なくなる可能性もないわけではない．しかしながら，最初に指摘したように，生産年齢にある者が支える高齢者の数が多くなれば，社会経済の状況が現状より悪化することも予想されることから，保護司の適任者の確保がより困難になることが予想される．

人口構成の変化（高齢化へのシフト）の影響についても，保護観察を受ける者の側に対する影響と処遇者側に対する影響がある．

人口の高齢化が保護観察を受ける者の側に与える影響としては，保護観察を受ける者における少年の相対的な減少（成人の相対的な増加）がある．先にも述べたように，保護観察を受ける者における少年の割合は（**図1**参照），昭和54（1979）年に70%を超えて以来，平成3（1991）年の80%をピークとして，平成15（2003）年まで70%を超えていたが，平成16（2004）年に67%台に減少し，平成20（2008）年には61%台に落ち込むなど減少傾向が顕著となっている．言い換えると，保護観察を受ける者における成人の比率が増加してきており，そのような変化に対応した処遇態勢及び処遇内容の変化が必要になる可能性が高い．過去30年間，保護観察処遇態勢及び処遇内容は可塑性に富む少年に焦点を当てて組み立てられてきたが，今後は成人向けの処遇態勢及び処遇内容を組み立てて行く必要があるように思われる．

人口の高齢化が処遇者側に与える影響としては，先にも述べたように，保護司の潜在的な候補者が増加する可能性が考えられる．

保護司の平均年齢は（**表3**参照），昭和40年代まではほぼ50歳代で推移していたが，昭和49年に60歳代となり，昭和55（1970）年に60.1歳，昭和62（1987）年に61歳代，平成5（1993）年に62歳代，平成11（1999）年には63歳代となるなど，一貫して上昇している．平成18（2006）年及び19（2007）年には62.8歳といったんは下降したが，平成20（2008）年に再び63.0歳となり，平成22（2010）年には63.6歳となっている．現在，保護司には再任時に76歳未満という制限があるため，人口の高齢化に伴う保護司の高齢化には限界があるが，高齢化の傾向が存在していることは否定できない．保護司の高齢化に関しては，特に保護観察を受け

図1　保護観察新受人員の構成比の推移
　　　（成人・少年）

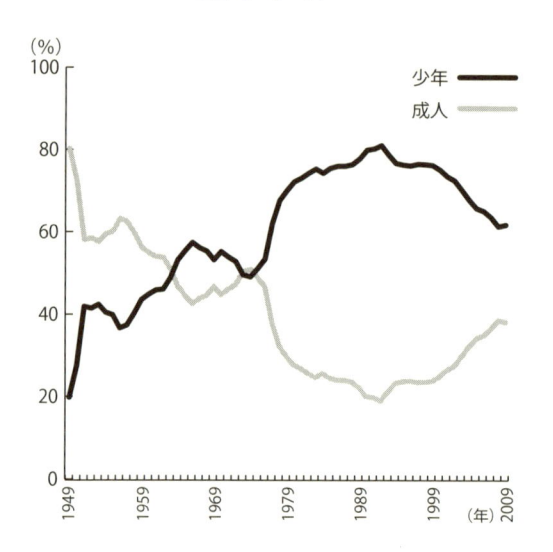

表3　保護司の人数と平均年齢（昭和28年～平成22年）

年次	人員	男性	女性	女性比	平均年齢
28	41,264	38,282	2,982	7.2	53.2
33	42,664	…	…	…	56.0
37	49,607	…	…	…	57.2
43	…	…	…	…	59.2
46	46,598	38,612	7,986	17.1	59.3
49	46,826	…	…	…	60.2
50	46,228	37,940	8,288	17.9	60.1
51	46,442	…	…	…	60.1
52	46,230	…	…	…	60.3
53	46,323	…	…	…	60.7
54	46,458	…	…	…	60.6
55	46,853	38,057	8,796	18.8	60.8
56	46,935	37,997	8,938	19.0	60.5
57	47,153	38,077	9,076	19.2	60.7
58	47,400	38,128	9,272	19.6	60.5
59	47,773	38,375	9,398	19.7	60.5
60	48,073	38,536	9,537	19.8	60.6
61	48,452	38,775	9,677	20.0	60.9
62	48,345	38,588	9,757	20.2	61.0
63	48,604	…	…	20.4	61.2
元	48,338	…	…	20.6	61.3

年次	人員	男性	女性	女性比	平均年齢
2	48,645	38,548	10,097	20.8	61.6
3	48,674	…	…	21.1	61.7
4	48,836	…	…	21.2	61.9
5	48,718	…	…	21.4	62.1
6	48,695	…	…	21.6	62.3
7	48,821	…	…	21.9	62.4
8	48,776	37,928	10,848	22.2	62.6
9	48,801	37,778	11,023	22.6	62.7
10	48,890	37,693	11,197	22.9	62.9
11	48,815	37,430	11,385	23.3	63.0
12	48,860	37,350	11,510	23.6	63.2
13	48,760	37,101	11,659	23.9	63.2
14	49,003	37,157	11,846	24.2	63.3
15	49,205	37,095	12,110	24.6	63.2
16	49,389	37,078	12,311	24.9	63.3
17	48,917	36,625	12,292	25.1	63.0
18	48,688	36,383	12,305	25.3	62.8
19	48,564	36,178	12,386	25.5	62.8
20	48,919	36,400	12,519	25.6	63.0
21	48,936	36,316	12,620	25.8	63.2
22	48,851	36,266	12,585	25.8	63.6

注：『犯罪白書　平成22年版』から引用。

る少年との年齢差が指摘される場合もあるが，上述したように保護観察を受ける者における成人の割合が増加していることから，保護観察を受ける者と保護司との年齢差が若干小さくなることが考えられる．さらに，高齢人口が相対的に多くなれば，保護司の潜在的な候補者が（実数では減少することも考えられるが，相対的には）増加する可能性がある．また，日本の保健衛生の状況及び日本人の平均年齢の伸びを考慮すると，いわゆる団塊の世代の退職時期になれば，これまで以上に活動的な退職者が増加することが予想される．これらの世代は社会的な活動を求めることが考えられ，その一つとして社会奉仕の精神を持った保護司に興味を持つ人も多くなるのではないかと期待される．さらに，現代の社会におけるボランティア活動の広がりは，保護司の活動にもつながるものがある．一般的なボランティア活動が保護司の活動に直接結びつくわけではないが，他の人の役に立つことをしたいというボランティア活動の精神は，保護司活動にも共通して存在するものであることから，ボランティア活動の広がりは保護司の潜在的な候補者の拡大につながるものと思われる．

　一方，人口の減少と直接関係しているわけではないが，現在の社会経済状況の悪化は地域社会の弱体化をもたらしており，いわゆる地域社会の絆の弱体化が指摘されている．更生保護は地域において行われるものであり，保護観察処遇の成否は地域の絆や地域社会の教育力（処遇力）によるところも大きい．地域社会の絆の弱体化は地域の処遇力の弱体化につながりかねない．さらに，社会経済状況の悪化は，就労先の確保が困難になる状況に結びつきやすい．犯罪をした者や非行をした少年の社会復帰には，いろいろな意味での居場所が必要である．そのような居場所の一つが，家庭であり，学校であり，職場（働く場所）である．保護観察処遇においては，就労先の確保がその成否を分ける要因の一つであり，就労先が確保されないと社会復帰が難しくなる可能性がある．また，高齢化により定年の延長やその後の就労の希望など，就労をめぐる状況には厳しいものがある．保護観察所においては，ハローワーク等と連携して，就労支援メニューを準備し，就労の促進を図ってはいるが，そのような就労支援メニューに対しても何らかの影響がでる可能性は否定できない．

5　まとめ

　持続可能な更生保護を考える場合，全体としての人口の減少とともに人口構成の高齢化へのシフトの影響を考えなければならない．人口の減少は，全体として保護観察を受ける者の減少を引き起こすことが考えられる．現在の日本では，人口の減少は，生産年齢人口の減少に起因しており，高齢者人口は減少していないことから，人口構成の急速な高齢化へのシフトが認められる．社会の高齢化は，社会経済全体に影響を及ぼし，現在の社会における様々な制度や体制を持続させることを困難にする．更生保護においては，人口構成の高齢化へのシフトは，保護観察を受ける者の高齢化を生起させることになる．これまでの更生保護においては，少年が多くを占めていたことから，従来の保護観察の処遇は少年に対するものを中心に置いて組み立てられてきた．しかしながら，保護観察を受ける者において成人が多くなってくるに従って，保護観察の処遇も成人を対象としたものとならざるを得ないが，その点に関する処遇内容や体制の見直しはこれからの課題である．少年に対する保護観察処遇と成人に対する保護観察処遇では共通する部分も多いと思われるが，質的に異なる部分もある．持続可能な更生保護であるためには，今後，保護観察における処遇を成人に対してより効果的なものに組み換えるとともに，処遇態勢についても少年向けのものから成人向けのものに変更していくことも考える必要がある．さらに，人口の減少は，保護観察を受ける者と保護観察の処遇者とでは異なる影響をもたらす可能性が高いことから，両者の比率が変化することが考えられる．そのため，保護観察を受ける者一人に対して，保護観察官一人と保護司一人が対応するという現在の処遇態勢自体についても見直しが必要となる可能性がある．処遇する側が複数でチームを組んで，多面的，多角的な処遇を実施するようなチーム処遇あるいは複数担当官制などの処遇態勢についても検討すべきであろう．

　人口の減少と人口構成の高齢化へのシフトは，保護司の確保という面に対しても影響を与えることが予想される．保護司適任者の継続的な確保は更生保護を維持発展させるために不可欠である．人口の減少は保護司適任者の確保に対してはマイナスの影響を持つが，人口構成の高齢化へのシフト自体は保護司適任者の確保に対してはプラスとマイナスの両面の効果を持つので

はないかと思われる．高齢化へのシフトは，時間的余裕があり生活も安定している層の相対的な増加を意味するので，潜在的な保護司の候補者も相対的に増加する可能性がある．加えて，近年のボランティア活動に対する意識の高まりは，社会奉仕の精神を具現化している保護司という存在に光を当てることに結びつくことも考えられる．人口の減少による絶対数の減少の影響を，高齢化へのシフトがどの程度相殺するのはこれからの状況を見なければ分からないが，決してマイナスの要素だけではないことは指摘できる．

　社会内処遇においては，行政機関のみではできることは限られており，地域社会の理解と支援が不可欠である．これは行政機関の力が量的に足りないからではなく，社会内で処遇を行うという機能に内在する本質的な要請である．現行の更生保護における保護司制度は，処遇者としての保護司の機能を活用するためだけではなく，地域社会の力を引き出す，あるいは地域社会と行政機関をつなぐ存在としての保護司の役割をも意図しているものと考えられる．約1,000人の保護観察官と約50,000人の保護司という処遇者としての態勢だけではなく，民間のボランティアである保護司が更生保護制度の中核として位置付けられていること自体が，社会内処遇の理念を具現しているのではないかと思われる．保護司制度を充実させ，より効果的なものとすることが，更生保護が今後も持続可能であるための条件であると言えよう．

　人口減少や人口構成の変化をはじめとする様々な社会経済的要因の変化に対応して，更生保護が持続可能であるためには，保護観察の処遇をより効果的なものとすることが不可欠である．処遇をより効果的かつ効率的なものとするためには，保護観察を受ける者の特性やニーズに的確に対応していくことが不可欠である．保護観察処遇の内容や実施体制についても単一のものではなく，状態に応じてその都度適切なものを組み立てていくことが求められている．レディーメイドの処遇ではなく，オーダーメイドの処遇を提供できるような組織態勢をつくることができるかどうかが課題となる．

　なお，本論文の内容は，筆者の所属する組織の見解ではなく，筆者の個人的見解である．

［文献］

河野稠果，2007，『人口学への招待――少子・高齢化はどこまで解明されたか――』中央公

論新社 (中公新書).
国立国会図書館, 2010,『持続可能な社会の構築——平成21年度国際政策セミナー報告
　　書——』調査資料2009－3, 国立国会図書館調査及び立法考査局.
国立国会図書館, 2010,『持続可能な社会の構築 総合調査報告書』調査資料2009－4, 国立
　　国会図書館調査及び立法考査局.
国立社会保障・人口問題研究所編, 2007,『日本の将来推計人口——平成18年12月推計——』
　　厚生統計協会.
国立社会保障・人口問題研究所編, 2008,『日本の将来推計人口——平成18年12月推計の
　　解説および参考推計（条件付推計）——』厚生統計協会.
法務省法務総合研究所編, 2010,『犯罪白書 平成22年版』佐伯印刷株式会社.
津谷典子, 樋口美雄編, 2009,『人口減少と日本経済』日本経済新聞出版社.

　　　　　　　　　　　　　　　　　　　　　　　　　　　　（くぼ・たかし）

第5章

少子・高齢化時代の持続可能な刑事政策　応報司法から問題解決司法へ

浜井浩一（龍谷大学）

1　はじめに

　福島第一原子力発電所（以下，福島原発）の事故によって原子力ルネッサンスともいわれた原子力発電に対する安全・安心が崩壊したといわれる．福島原発の事故原因については，今後，様々な観点からの検証が行われることになる．

　さて，本稿は，犯罪社会学を基本とする刑事政策の論文であって原発事故に関する論文ではない．しかし，福島原発の事故とその拡大がなぜ防げなかったのかを調べてみると，原子力政策（原発開発）において，刑事政策と共通する問題点を見出すことができる．それは，端的に言って，「（科学的）事実を軽視した政策決定」といってもいいだろう．原発問題を語るときに，「原発村」という言葉が用いられる．これは，電力会社だけではなくマスコミを含む産業界，経済産業省を中心とする官界，政界，学界など原発開発に利害や利権を共有する人々の集まりを意味している[1]．この「原発村」が，スクラムを組んで原発の拡大を目指して進んでいったのが原発推進政策である．原発開発においては，単に発電所を作るコストだけでなく，地域対策，CMを含む啓蒙活動，研究開発費（科研費を含む），政治献金など巨大な資金が動く．お金だけではなく，天下りを含めて官界から産業界，政界，学界の間で人も異動する．そして，利害を共有する人々が，政府の委員会を組織して，産業界や官界の用意した資料に基づいて議論を行い，政策を決定する．「原発村」においても，いわゆる審議会方式で政府の意思決定が行われてい

た．当然のことであるが，利害を異にし，異論を唱える者は，政府の委員会に加わることはなく，それぞれの（世）界の中で排除・淘汰されていく．マスコミも巨大スポンサーの意向に沿う形で，原発推進に反対する立場の番組は制作せず，原発反対のタレントも起用しない．研究者も，原発の危険性を強調するような研究をすると官民を問わず研究費そのものが獲得できなくなるという．

　規模は違うが刑事政策の分野でも同じようなことが起きていた．仮に，これを「原発村」になぞらえて，「厳罰村」と呼んでおこう．「厳罰村」は，日本の治安が悪化していると考え，それを刑罰や監視の強化など威嚇と力によって解決しようとする人々の集まりである．「原発村」と同様にマスコミや警備会社などの産業界，法務・検察や警察などの官界，政界，学界から構成されている．アメリカの場合，この「厳罰村」は，200万人もの受刑者を含め700万人に近い人々が何らかの刑事司法機関の監視下におかれ，民営刑務所を運営する企業が投資の対象となるなど市場規模が大きく，その中で動く資金も巨大であるが[2]，日本の場合は，犯罪そのものが少なく，「原発村」と比較すると市場規模ははるかに小さい．しかし，利権をめぐる構造はほぼ同じである．刑事政策における利権は，金銭的なものというよりは刑罰権の拡大である．たとえば，法律が作られ，従来罰則のなかった行為に対して罰則が加えられたり，罰則の運用が強化されたりすることである．それは，ある意味では，新たな犯罪の創造であり，刑事司法にとっては新規顧客の獲得，つまり市場の拡大を意味する．刑罰権を行使できる官庁にとっては権限の拡大につながり，それにともなって予算や人員を拡大し，組織を大きくすることができる．刑事法の研究者にとっても，刑罰の適用範囲が拡大すれば，研究の守備範囲が拡大し，研究資金を獲得する機会や，政府の審議会に参加する機会も拡大する．刑罰が，医療事故や金融商品等の取引にも適用されるようになれば，これを専門とする研究者や法曹のビジネスチャンスが拡大する．つまり，社会的な影響力が拡大するのである．

　「原発村」が利害を同一にする者が自然と集まって作られ，その影響力を拡大したように，「厳罰村」も治安の悪化を憂い，それを刑罰などの力によって抑え込もうと考える人々が，強い影響力を持つ者（官庁を含む）の周りに自然と集まって作られたものである．「原発村」も「厳罰村」も，そも

そも自分たちの利害のために社会を犠牲にしてもいいと考えていたわけではなく，それぞれの村が推進する政策が，日本には必要であるという正義感が原動力になっていたに違いない．

　ただ，「原発村」と「厳罰村」に共通する問題点は，利害を共有する者たちだけが集まってしまい，審議会などの委員会においても，それを主催する政府（官庁）の用意した事実を疑う姿勢のないまま議論が進み，マスコミも記者クラブを中心に大本営発表よろしく政府の発表をそのまま報道してしまい，世論が作られていったことにある[3]．

　福島原発の事故では想定外という言葉がよく使われるが，「原発村」では，10メートルを超える津波も，全電源喪失の可能性もほとんどないものとして議論が進められていた．「厳罰村」では，治安が悪化した，少年犯罪が凶悪化したという前提を疑うことなく議論が進められ，監視カメラを敷設したり，刑罰を重くしたりすれば犯罪は減少するに違いないという根拠のない信仰に基づいて政策が決定された．共有されている前提そのものを疑い，事実を客観的に評価しようとする姿勢が欠けていたのである．治安悪化や少年犯罪凶悪化などのように統計的に正しくない事実でも，皆で共有してしまうとそれが常識となり，そこに疑問を投げかけること自体が困難となる．

　また，もし，事故前の絶対安全なはずの福島原発で，東京電力が突然大規模な工事を行い，津波防波堤を強化し，非常電源を高台に増設しようとしたら，当時の野党などから「安全じゃなかったのか」と叩かれたに違いない．安全と言ってしまった以上，途中で方針を変更するのは難しく，批判されたくなかったら，村の常識である「絶対安全」や「治安悪化」といった前提を守り抜くしかない．

　有効な対策を立てるためには，発生している問題を正しく理解することが不可欠である．刑事政策においては，治安は本当に悪化しているのか，少年犯罪は凶悪化しているのかを正確に評価し，刑罰を重くすると何が起きるのかを正確に検証してみることが必要である．まず目の前にある現象，つまり「事実」と真摯に向き合い，問題の本質を理解しなければ，とうてい正しい答えに行きつくはずはないのである．

　さて，力が入りすぎて前置きが長くなってしまったが，本章では，「少子・高齢化時代の持続可能な刑事政策——応報司法から問題解決司法へ」と

題して，「厳罰村」の何が問題なのかを考えつつ，今後，少子・高齢化社会が更に進行すると思われる21世紀において，どのような刑事政策が望ましいのかを考えてみたい．具体的には，最初に，少子・高齢化が日本の犯罪にどのような影響を与えているのかを統計的に分析しつつ，日本において高齢者犯罪が増加している原因を探る．

さらに，刑事司法のメカニズムに焦点を当て，先進国の中でも日本の刑務所において突出して高齢化が進んでいる原因についても分析する．その際に，日本において高齢者だけでなく知的障がい者を含めた社会的弱者が軽微な犯罪を繰り返すことで実刑判決を受けていることに注目し，日本の刑事司法，特に刑罰システムを批判的に分析することでその問題点をえぐり出し，さらに，刑罰を犯罪者の更生という観点から見直すことで，少子・高齢化が進む中で持続可能な刑事政策のあるべき姿を模索してみたい．

2　少子・高齢化と犯罪・非行

(1)　少子・高齢化と窃盗・殺人

さて，少子・高齢化によって犯罪や非行はどのように変化するのであろうか．これは，人口動態の変化が犯罪や非行にどのような影響を与えるのかという問いと同じである．以下，日本の犯罪や非行が人口動態とどのような関係にあるのかを分析していく．

犯罪の出現率は年齢によって異なる．一般的には，思春期から徐々に非行が始まり，青年期でピークを迎え，後は次第に減衰していく．これは先進国に共通の現象である．人は加齢によって心身が成長し，生活の範囲を広げ，年齢に応じた社会性を身に付けていく．幼少期は保護者に依存し，行動範囲も狭いため非行は表れにくい．しかし，思春期から青年期に移行するに従って，身体的な成長とともに行動範囲が拡大し，それに社会性など心理的な発達が十分に追い付かなかったり，家庭環境などで不利な条件が重なったりすると非行など様々な問題行動が現れる．そして，青年期になり就職，結婚を経て社会的基盤ができあがるにつれて行動も落ち着いていく．それ以降は，安定期を迎え，大きな挫折等がない限り犯罪行動は減衰していく．

図1は，1970年の日本における窃盗検挙人員を年齢層別に人口1,000人

図1 人口1,000人当たりの年齢層別窃盗の検挙人員（1970年）

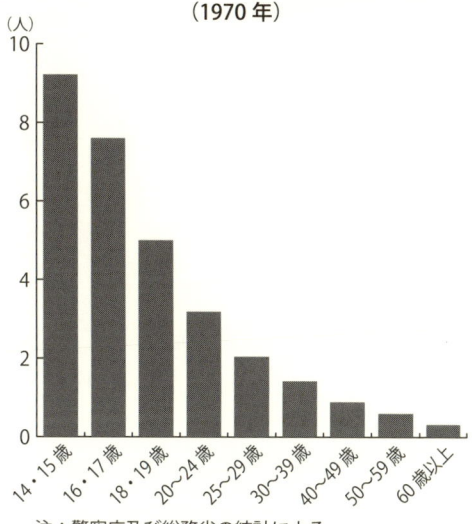

（縦軸：人、0～10）
横軸：14・15歳, 16・17歳, 18・19歳, 20～24歳, 25～29歳, 30～39歳, 40～49歳, 50～59歳, 60歳以上

注：警察庁及び総務省の統計による．

当たりで見たものである（なぜ1970年のデータを使用するのかについては後でわかることになる）．日本の場合は，刑事責任年齢に当たる14歳前後で犯罪行動のピークを迎え，加齢に従って犯罪によって検挙される者は少なくなっている．少子・高齢化は，犯罪の主要な担い手である若者が減少することを意味しており，それは，すなわち，日本における犯罪の減少につながるはずである．

最近，銀行員で経済学者の藻谷浩介の書いた新書『デフレの正体』[4]がベストセラーとなっている．藻谷は，デフレの原因を人口動態の変化を基底とした消費者動向の変化，つまり，購買意欲の高い若者（絶対数）の減少や生産者人口の減少に加えて，消費者の（総）所得が減少することで，物が売れなくなったためであると指摘した．

実は，犯罪も同じである．日本の場合，一般刑法犯の8割は財産犯である窃盗であり，それはある意味での経済活動である．違法な経済活動である財産犯罪はもちろん，やや傾向は異なるものの，殺人などの暴力犯罪もその主要な担い手は25歳未満の青少年であり，この年齢層の絶対数が減少すれば，犯罪も減少するはずである[5]．

第5章　少子・高齢化時代の持続可能な刑事政策　　113

図2　20歳以上における人口1,000人当たりの
　　　一般刑法犯検挙人員の推移

注：警察庁及び総務省の統計による．

　図2は，20歳以上の成人について人口1,000人当たりの一般刑法犯検挙人員の推移を見たものである．年々検挙人員が減少傾向にあるのがわかる．この図は，総人口が高齢化したことによって，人口当たりの犯罪者数が減少していることを示しているわかりやすい例である．
　ここからは，財産犯罪の代表である窃盗と，凶悪暴力犯罪の代表である殺人について，人口動態の変化がどのような影響を与えているのかを詳しくみることにする．

〈窃盗〉
　図3は，窃盗の年齢層別検挙人員の推移を1957年から示したものに普通出生率[6]のグラフを重ねてみたものである．新生児が犯罪をすることは不可能なので，この図を見る際には，折れ線グラフで示した出生率を10年ほど右にずらしてもらいたい．いわゆる第二次ベビーブームといわれる山と検挙人員の山，特に10代の検挙者においてよく連動しているのがわかる[7]．つまり，若者が減れば，若者による窃盗の検挙人員も減るということである．ちなみに，図4は，25歳未満の若者について年齢層別窃盗の検挙人員を見

図3　年齢層別窃盗の検挙人員及び普通出生率(1,000人)の推移

注：警察庁及び総務省の統計による.

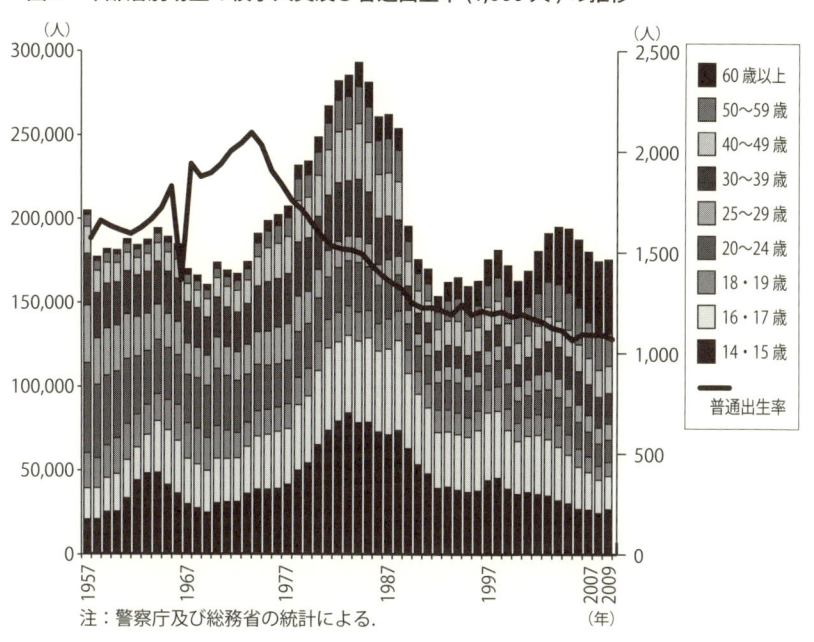

図4　年齢層別窃盗の検挙人員の推移（25歳未満）

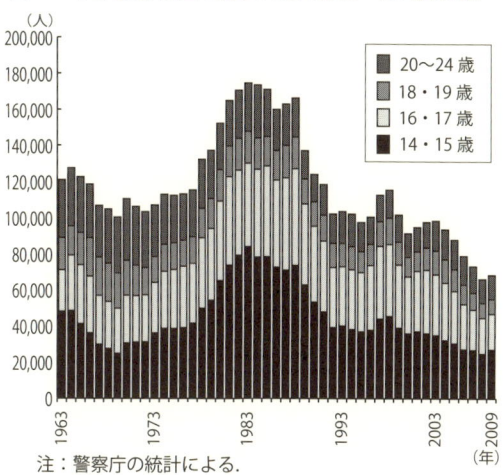

注：警察庁の統計による.

第5章　少子・高齢化時代の持続可能な刑事政策　115

図5　年齢層別殺人の検挙人員の推移

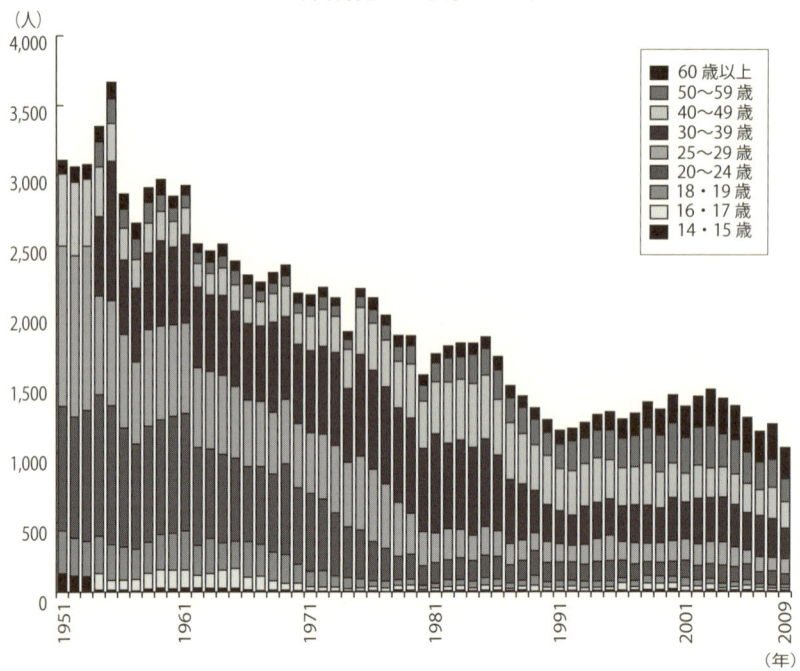

注：警察庁の統計による．
　　なお，1951～53年については，統計値の集計方法が異なるため，
　　グラフ上，16・17歳が「14・15歳」に，30～39歳が「25・29歳」に，
　　50～59歳が「40～49歳」に含まれている．

たものである．1984年以降着実に減少傾向にあることがわかる[8]．

　その一方で，**図3**の検挙人員全体に目を移してみると，2000年以降については普通出生率と必ずしも連動していない．これは，最近60歳以上の高齢者の検挙人員が増加しているためである．日本における，最近の犯罪動向の最大の特徴は，高齢犯罪者の増加である．これは，少子化による犯罪減少と異なり先進国の中でも日本に特徴的に見られる現象である．高齢犯罪者の増加については次節以降で詳しく分析したい．

〈殺人〉

　次に殺人について見てみよう．殺人は，ある意味で，窃盗以上にわかりやすい．**図5**は，年齢層別殺人検挙人員を示したものである．殺人の検挙人員

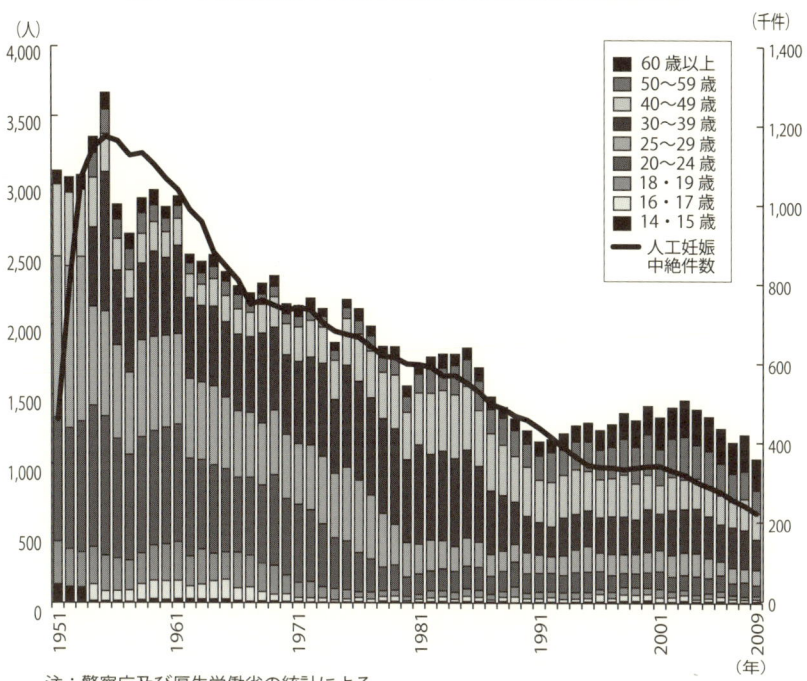

図6　年齢層別殺人の検挙人員及び人工妊娠中絶件数の推移

注：警察庁及び厚生労働省の統計による．

は，戦後1950年代半ばをピークに一貫して減少傾向にある．しかも1980年ぐらいまでの急速な減少は，30歳未満の若年層によってもたらされている．これも少子・高齢化の影響を受けているのは間違いないが，窃盗と異なり，第二次ベビーブームによる山が小さいのが特徴である（ただし，山は存在している）．これは，1955年をピークに始まった殺人の検挙人員の減少の速度が，少子化の進行速度（たとえば，普通出生率）よりもずっと早いためである．

ここには，1949年に公布された優生保護法（現在の母体保護法）の改正が大きな影響を与えている．この改正の内容は，経済的な理由による人工妊娠中絶を認めるものであった．その目的は，女性の産む権利を認めるということではなく，急激な人口増加の抑制，妊娠・出産・育児による貧困化の防止，更には生活保護費の抑制による財政支出の削減や食糧難の解消等にあっ

第5章　少子・高齢化時代の持続可能な刑事政策　117

た[9]．図6は，図5に人工妊娠中絶件数を重ねたものである．この両者が1990年ぐらいまでぴったりと連動しているのがよくわかる[10]．しかも，窃盗の検挙人員と普通出生率の場合と異なり，中絶件数の件数を右にずらさなくても連動している．これは，中絶が直接的に殺人の検挙人員を減少させていることを意味している．その多くは，家族内殺人の減少であり，中でも嬰児殺の減少が大きく寄与している．嬰児殺で検挙された者の数は，1950年の321人から10年後の1959年には150人に半減している．経済的な理由による人工妊娠中絶が認められることによって，違法な堕胎手術や嬰児殺が減少し，嬰児殺による検挙人員を減少させているのである．加えて，深刻な虐待の背景には，保護者の経済的困窮や，そこから派生する育児ノイローゼがあることはよく知られている[11]．経済的な理由による中絶が認められることによって，嬰児殺の延長線上にある虐待死が減少した可能性は高い．また，戦後の日本の殺人の約半数は家族内殺人である．経済的な理由による中絶が認められるということは，家族内殺人のきっかけともなる家族内の経済的・精神的な葛藤の原因を縮小させる効果もある[12]．

　なお，図6を見ると殺人と中絶の関係は，見かけ上，直線的な相関関係のように見えるが，もちろん，その関係は一様ではない．経済的な理由による人工妊娠中絶を認めることは直接的な効果として，嬰児殺や虐待死を減少させるが，時間がたつにつれ，その効果は次第に少年による殺人の減少へと引き継がれる．さらに，中絶は少子化に影響を与えるため出生数を減少させることで20～30代の女性の数を減らし，それが更に中絶数や出生数を減少させ，結果として殺人を減少させるが，その効果は次第に小さくなり安定していく．もちろん，殺人の減少に影響を与えたのは中絶だけではない．1954年ごろから始まったとされる経済成長やそれに伴う失業率の低下なども相互に影響し合っている．すなわち立法趣旨通りに作用したとすると，中絶の合法化は，福祉関連支出を抑え，当時の日本の財政を安定化させ，それが経済成長に寄与するとともに，経済成長によって貧困そのものが減少し，経済的な理由による中絶そのものが減少し，同時に失業など[13]貧困を背景とした殺人が減少した可能性は低くない．

　ロバート・アグニューらは[14]，非行と貧困の関係は，直線的な因果関係にあるわけではなく，非線型の関係にあると指摘する．つまり，彼らは，貧

困があるレベルを超え，著しい経済的な困難を発生させるレベルに達すると，重大な非行との関係が生まれると指摘しているのである．1949年の優生保護法の改正は，提案趣旨にあるように貧困多子家庭の存在を念頭に，貧困防止や急激な人口増加が招く様々な社会問題の深刻化防止を狙いとしていた．

殺人の検挙人員と中絶件数の相関関係が意味していることは，経済的な理由による中絶を認めることで，直接的に貧困家庭における貧困の深化を防止し，親世代の殺人を防止するとともに，望まれない状態で生まれ貧困家庭で育つ子供世代の殺人を防止しているという二つの可能性がある[15]．ここで注意しなくてはならないことは，この事実が示唆していることは，中絶によって将来の殺人者が生まれなかったということではなく，改正の立法趣旨にもあったとおり，殺人の原因となるような深刻な貧困を防止することで殺人の発生が抑制されたと考えるべきであるということである．つまり，この関係が示唆していることは，貧困対策，貧困防止策あるいは貧困家庭に対する支援が殺人の防止に重要であるということである．

いずれにしても，1950年以降の少子化そのものの流れを最初に作り出したのは，この優生保護法の改正による事実上の人工妊娠中絶の合法化であり，中絶の合法化が出産調整を可能とし，それが少子化を生み，少子化が非行や犯罪の減少を生み出しているのである．そして，その出産調整が，貧困家庭を中心に行われた結果，貧困多子家庭のもつ様々な問題の発生を抑制し，貧困と直接的関係の強い犯罪を中心に[16]，その抑制に大きな影響を与えたものと思われる．日本の犯罪発生率が他の先進国よりも低いことについては，社会の平等性，地方・世帯間経済格差の小ささ，教育水準の高さなどいろいろと指摘されているが，実は，これら自体にも優生保護法の改正が影響を与えている部分も少なくない[17]．少なくとも，当時の国会議事録を読むと，それこそが立法趣旨そのものであることは明らかである．

ここで，筆者が，決してこの中絶による犯罪減少を肯定的に評価しているわけではないことは記しておきたい．優生保護法の改正は，戦争を放棄し，多数の兵隊を必要としなくなった戦後の日本において，復興と秩序の回復には有効であったかもしれない．しかし，それは両刃の剣である．現在の日本では，犯罪や刑事司法の分野に限らず「安全・安心」が金科玉条のごとく尊ばれ，それぞれの市民が「安全・安心」を追求し，地域から不審者やホーム

レスを排除し，「(知らない)人を見たら泥棒と思え」とばかりに警戒心を露わにしている．それに追随するように国家が様々な規制を強化している．現実に，少子・高齢化の中，犯罪は減少傾向にあり，犯罪の範囲を拡大するなど活動範囲を広げない限り，刑事司法機関は，比喩的に例えれば顧客を失い，早晩，縮小を余儀なくされる．「安全・安心」への欲求の高まりは，刑事司法機関には組織を維持する絶好の機会でもある．もちろん，刑事司法機関は，正義感から，社会貢献を考えて市場を開拓し，活動の範囲を広げるのであるが，「安全・安心」によって狩られているのは誰なのか，都合の悪い人を排除することで問題を解決しようとするような社会は，いずれ市民がばらばらに孤立していき，崩壊の運命にある．不審者の影におびえ，中世の魔女狩りのようにやみくもに魔女を狩っていると，いつか自分たちが狩られる対象となっていることに気づくことになるだろう．

(2) 少子・高齢化と自殺・事故

　次に，自殺や事故と少子・高齢化の関係について少し見ておこう．ここで一つ自殺と他殺の関係について興味深いグラフを紹介しよう．図7は，人口10万人当たりの自殺率と殺人率の関係をグラフ化したものである[18]．1960年代半ばまでは，自殺率と殺人率は連動して推移しているが，1960年代半ばを境にその関係性が変わっている．この関係を理解するためには，年齢層別の自殺者数（率）の推移をみる必要がある．図7において，戦後1950年代半ばまで自殺率が上昇し，その後1960年代半ばまで低下してできた山は，主として25歳未満の若年層の自殺の増減によって作られたものである．そして，1960年代半ばからの自殺率の上昇は40代半ば以上の中高年によって作られたものである．最近10年間の自殺者数が3万人を超え続けるなど高値安定しているのは，後述する1990年代後半に起こった構造的な経済変動に加えて年齢的に自殺率の高い55歳以上の中高年層の人口が増加したことによる影響が大きい．少子・高齢化は，殺人を減少させる一方で，自殺を増加させているのである．さらに，1950年代半ばをピークとし，その後1960年代半ばまで減少する自殺者数の山と先の中絶件数にも強い相関があり，前述の優生保護法の改正によって経済的な理由による中絶が認められたことによる貧困防止が，子供を産む若年層を中心とする自殺の減少にも一定

図7 人口10万人当たりの自殺率及び殺人率の推移

注1：警察庁，厚生労働省及び総務省の統計による．
注2：自殺率は人口動態統計の自殺者数，殺人率は入手できた統計の関係上，検挙人員ではなく，殺人の認知件数を人口で割って10万をかけたものである．
注3：1944～1946年にかけて自殺者数の統計を入手できなかった．

の効果を持っていた可能性もあるのかもしれない．

図8は，人口動態統計の死因統計から30歳未満の若者について，交通事故とそれを除く不慮の事故による死亡者数の推移を見たものである．最近，交通事故を中心に若年者による事故死が減少していることがよくわかる．これは，少子化で若者が減少していることに加えて，交通事故に関しては，事故そのものや負傷者が増加傾向にある中で死亡者数が減少していたことから考えると，事故によって傷害を負ったものの命が助けられるようになった効果も大きいと考えられる．1991年4月23日に救急救命士法が制定され，心肺停止状態の者に対して医師ではない救命救急士が救命救急処置を行えるようにするなど救命救急制度の拡充によって救命率が上がっている[19]．また，シートベルトの着用が普及した効果も見逃せない．

いずれにしても，日本においては，少子・高齢化によっては消費や犯罪の主要な担い手である若者が減少し生産者人口が減少することで，マイナス面

第5章　少子・高齢化時代の持続可能な刑事政策　　121

図8 30歳未満の若者の不慮の事故による死亡者数の推移

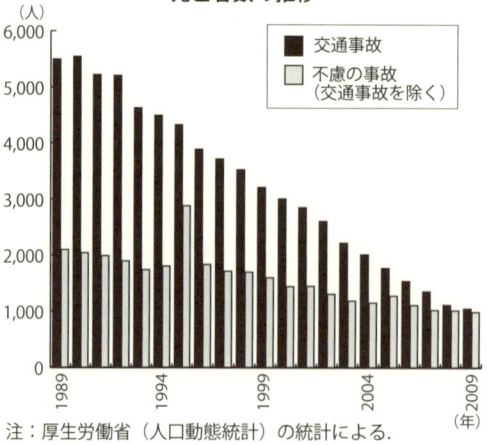

注：厚生労働省（人口動態統計）の統計による．

としては，物が売れなくなりデフレが発生しているが，プラス面としては犯罪や事故による死亡が減少するという効果を生み出している．

3 犯罪曲線の変化：日本の犯罪の何が変わったのか

さて，ここまでは，殺人や窃盗を中心に少子・高齢化を中心とする人口動態の変化が，犯罪の主要な担い手である若者の減少をもたらし，それによって犯罪が減少していることを確認した．その一方で，窃盗において，高齢者の検挙人員の増加によって検挙者全体の減少に歯止めがかかっていることも指摘した．図9は，1988年を100とした場合の65歳以上の人口，検挙人員，起訴人員，新受刑者人員の20年間の推移である．この20年間で65歳以上の高齢者人口は2倍となっているが，起訴人員は7倍，新受刑者人員は6倍となっている．つまり，最近20年間だけで見れば，人口の高齢化の約3倍のスピードで刑事処分される高齢者が増加しているのである．

図10は，25歳以上の者について人口1,000人当たりの年齢層別窃盗の検挙人員を1970年から2005年まで約10年間隔で見たものである．この図にあるように，1970年の時点では，発達犯罪学の示す法則どおりに，年

図 9 刑事司法手続段階別高齢者の推移

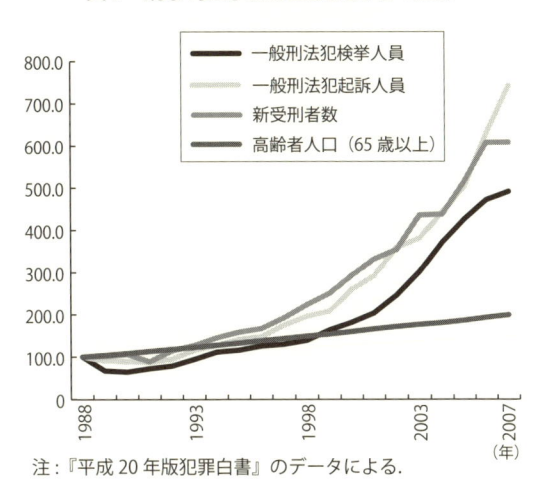

注：『平成20年版犯罪白書』のデータによる．

図10 人口1,000人当たりの年齢層別窃盗の検挙人員の推移

注：警察庁及び総務省の統計による．

齢を経るごとに人口当たりの検挙人員が減少している[20]．先に述べたように，犯罪は加齢に伴って収束し，高齢者ではほとんど検挙される者がいないのが一般的である．ところが，**図10**を見れば明らかなように，現代に近づくにつれて，加齢による検挙人員の減少率が減衰し，2005年には，ついに30

図11 人口10万人当たりの年齢層別殺人犯検挙人員

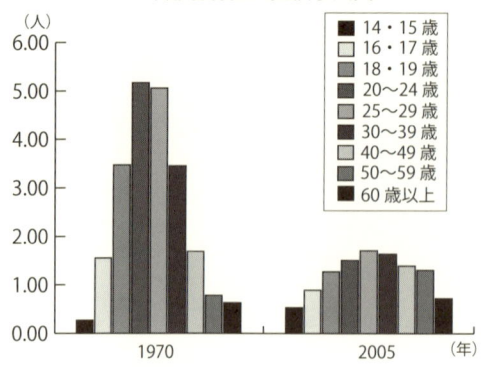

凡例：14・15歳、16・17歳、18・19歳、20〜24歳、25〜29歳、30〜39歳、40〜49歳、50〜59歳、60歳以上

注：警察庁及び総務省の統計による．

歳以降の人口当たりの検挙人員の減少が完全に消失している．つまり，最近の日本における高齢者犯罪の急激な増加は，単に高齢者が増えたためだけではなく，加齢による犯罪抑止効果が消失したこと，言い方を変えれば，加齢によっても犯罪から足を洗えない人が増加していることに原因がある．

ちなみに殺人について見てみると，図11にあるように1970年と2005年における年齢層別の検挙人員を人口比で比較してみると，全体の山が小さくなっているのが最大の特徴である．つまり20代やその周辺において殺人で検挙される者が大きく減少しているが，その一方で，加齢による犯罪抑止効果はまだ残っている．

殺人については，50代（団塊の世代）でやや人口当たりの検挙人員が増加しているほかは，20代を中心に大きく人口当たりの検挙人員が減少している．つまり，世論の思惑と異なり，若者を中心に少子・高齢化の影響を超えて日本では人を殺さなくなってきているのである．

4　これまでのまとめと加齢による犯罪抑止効果消失の原因

これまでの分析を総合すると，結論としては，日本では罪種によってやや異なる傾向はあるものの，少子・高齢化によって犯罪・非行は減少傾向に

ある．その一方で，窃盗を中心に加齢による犯罪抑止効果の喪失が顕著であり，人口比で見ると30歳以降の検挙者には増加傾向すら認められる．加えて，高齢化によって高齢人口そのものが増加し，それに比例する形で高齢犯罪者が増加している．つまり，日本の刑事政策において，今，一番大きな問題は，30歳を過ぎても犯罪から足を洗えなくなっていること，それが，人口そのものの高齢化と相まって高齢者犯罪を急激に増加させていることである．

　日本が，30歳を過ぎても犯罪から足を洗えない社会になっていることの原因については，いろいろな可能性が考えられる．犯罪学の研究[21]では，30歳以降に急速に犯罪の発生率が減少する背景には，就職や結婚などによって生活基盤が整うだけでなく社会との関係が安定することにあることがわかっている．**図10**を見ると，日本で30歳以上の加齢による犯罪抑止効果がほとんど見られなくなったのが2000年頃から（より厳密に統計を比較すると1995年から2000年の間）である．先述の藻谷は，1996年から生産者人口が減少に転じ，そのころからデフレによる不況が始まったと指摘している．つまり，少子・高齢化が進行し，日本の人口ピラミッドが大きく変化する中で，1996年に生産者人口が減少に転じ，それが構造的な不況原因となり経済にも深刻な影響を与えたということである．少子・高齢化は，日本の犯罪の総量を減少させたものの，デフレや不況を作り出すことで，中高年が犯罪に陥りやすい状況を作り出したのかもしれない．それを象徴するかのように，1998年から生活保護費世帯が急激に増加し始め，中高年の自殺者の増加で自殺者数が3万人を超えた[22]．50歳以上に限定して人口当たりで見ると自殺率と窃盗率の増加が同じ時期に起きたことになる．

　さらに，この時期は，いわゆるバブル経済の崩壊後，1990年代後半に起こった山一証券を始めとする金融破たん，失業率の上昇，産業の空洞化が叫ばれた時期でもある．また，橋本龍太郎内閣に始まり小泉純一郎内閣に引き継がれた構造改革や公共事業の削減などによる経済構造の変化や雇用の喪失が深刻化し，さらには社会全体での離婚率の上昇などによって，最近話題となっている「無縁社会」[23]に代表されるような人々の孤立化も大きな社会問題となっていた．窃盗，強盗や殺人などの古典的な犯罪の根本原因の一つは，生活困窮や社会的な孤立によって生活上の問題解決ができなくなること

にある[24]．刑務所の中には，新自由主義経済の浸透によって，家族や会社など様々なしがらみから解放された結果，孤立化し，犯罪に至った中高年が多いのも事実である[25]．

5　高齢犯罪者が増加したのか，それとも刑事司法が高齢者に厳しくなったのか

　ただ，刑事司法の各段階における高齢犯罪者の増加について考慮しておかなくてはならないことが一点ある．それは，高齢犯罪者が増加した理由として，二つの可能性を考えなくてはならないことである．一つは，前述のように社会構造の変化など何らかの理由によって実際に中年期以降も犯罪から立ち直れなくなった結果，中高年が以前よりも犯罪行為を行いやすくなってきたことである．もう一つは，万引きなどの軽微な犯罪を行った中高年に対しては，以前は，社会的な影響も考慮し，警察等の刑事司法機関が検挙などの公式なアクションを起こさなかったのだが，近年，その姿勢に変化が生じ，中高年に対しても警察等が厳格な姿勢で臨み始めたことである．

　おそらく，現在の日本の状況は，この両者が相乗的に作用して引き起こされているものと考えられる．検挙段階については，万引き等についてどの程度が警察に通報され，そのうちどの程度が検挙されているかを調べる統計がないので確かめようがないが，検察段階については，図9にあるように，高齢者の増加率は，検挙段階よりも起訴・受刑段階の方が大きく，検察・裁判の段階でも高齢者に対する処分（刑罰）の厳格化が見られる．

　その一方で，前述のように万引きなどの高齢者犯罪の背景には生活困窮や社会的孤立があり，格差社会の進行や終身雇用の崩壊など，最近の日本社会には，中高年が万引き等の犯罪に陥りやすい社会状況があるのも確かである．

　コンプライアンス（法令遵守）が叫ばれる刑事司法において女性[26]や高齢者を特別扱いせず，厳格に処分する傾向がある程度認められるが，現在でも高齢者の万引きや自転車盗については，その70%程度が微罪処分となっていることを考えると[27]，高齢者による犯罪そのものが増加しているのは確かなことであろう．

　図12は，一般刑法犯の年齢層別検挙人員と年齢層別新受刑者人員の推移

図12　年齢層別一般刑法犯検挙人員及び新受刑者人員の推移
①一般刑法犯検挙人員

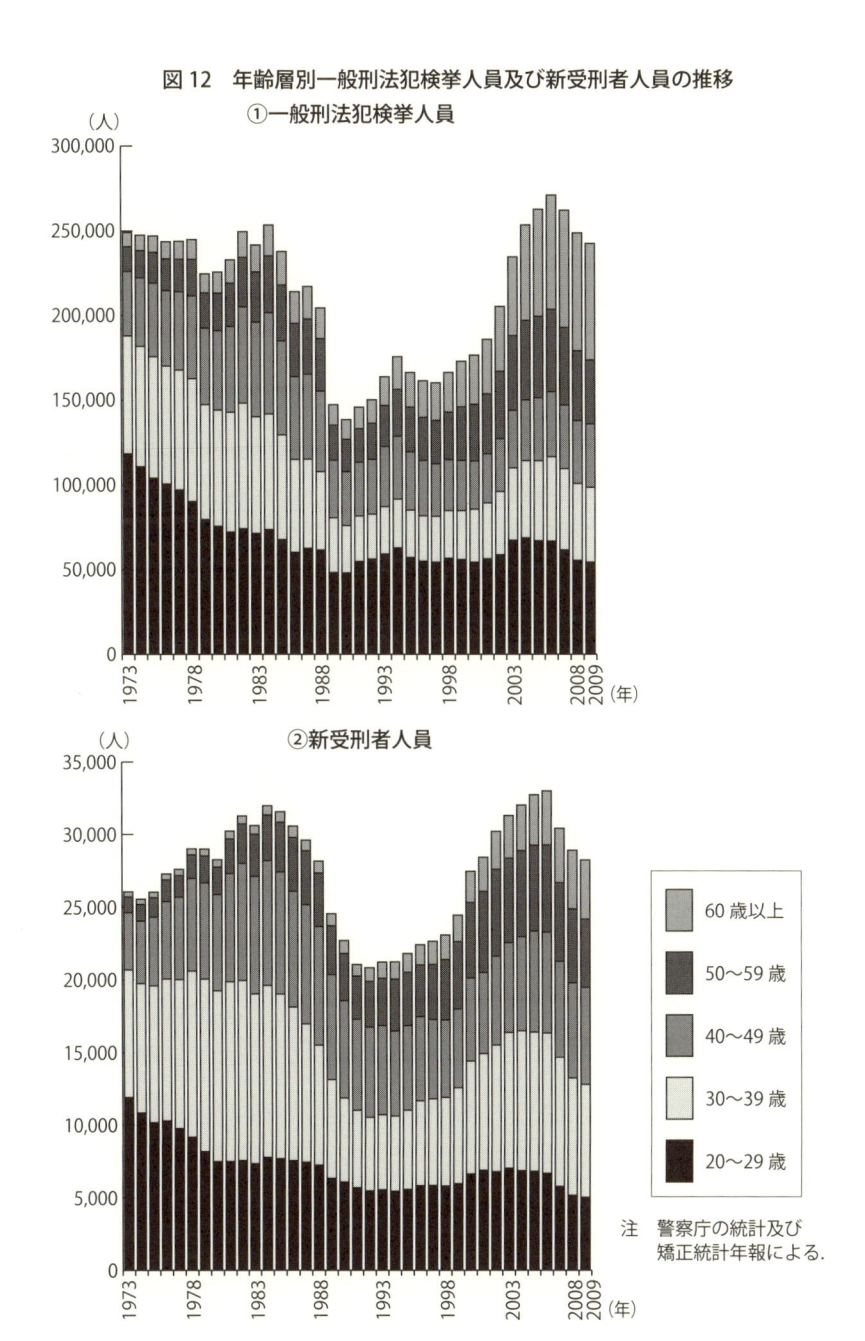

②新受刑者人員

凡例：
- 60歳以上
- 50～59歳
- 40～49歳
- 30～39歳
- 20～29歳

注　警察庁の統計及び矯正統計年報による．

第5章　少子・高齢化時代の持続可能な刑事政策　127

を並べたものである．検挙段階と比較して，受刑段階では高齢者の割合が減少していること，つまり，刑事司法過程の中で高齢者が他の年齢層よりも寛大に処分されている可能性が示されている．

また，紙面の関係で図は示さないが，60歳以上の窃盗犯について人口10万人当たりの検挙人員，起訴人員，新受刑者人員を，1970年を100としてその推移を比較すると，いずれも1970年から2005年の35年間に約3倍強となっている．細かく見ると，2000年以降，人口比で見ても起訴段階でやや伸び率が大きく，検察における厳格化の傾向が認められる．

いずれにしても，65歳以上の高齢者が人口の20%を超えるなど，超高齢化が急速に進行する中で，社会においても，刑事司法においても敬老精神が徐々に薄まり，身体的，精神的，経済的にもハンディを抱える高齢者にとって日本が次第に生きにくい社会になりつつあることは確かなのかもしれない．

6　日本の刑事司法の何が問題なのか

日本の刑事司法も，高齢者に対しては比較的寛大な処分を行う傾向があるとはいえ，他の先進国と比較してみると，被疑者，被告人，そして受刑者の高齢化率が非常に高く，なおかつハイスピードで高齢化が進んでいる．さらに考慮しなくてはならないことは，彼らの多くが，累犯とはいえ，万引きや無銭飲食といった比較的軽微な犯罪を繰り返すことで実刑となっていることである．本節では，この原因について，主として日本の刑罰運用に焦点を当てて考えてみたい．

日本の刑罰（刑事手続）は，応報を目的とし，その機能としては，実質的には社会に害をなす犯罪者を社会の外，つまり刑務所につまみだすことを大きな任務としていた[28]．教科書的な言い方をすれば日本の刑罰は，良くも悪くも応報と一般予防を第一の目的として運営されているのである．刑事裁判において，執行猶予は単に刑の執行を猶予するだけのものであり，保護観察付執行猶予も実刑と単純猶予の中間的刑罰として，量刑上，裁判官による温情の手段としてのみ存在している．つまり，被告人の更生に保護観察が必要だから付けるのではなく，執行猶予よりも重い刑罰が必要だから保護観察が付くのである．

日本の刑事裁判官には，量刑に関して，行為責任主義を徹底すべきで，被告人の行った行為を中心に，情状などの酌量事由を検討した上で，被告人に犯した罪に対する責任を取ってもらうことを重視すべきであり，再犯のおそれと言った不確定な要素を考慮すべきでないと考える人が少なくない．彼らにとって，更生とは再犯を起こさないことであり，それを考慮することは再犯のおそれを考慮することと同じことだと考える．これは，刑罰の謙抑主義を重視すれば，将来の危険性などを考慮した量刑を避ける態度として肯定的に評価できる．しかし，そこには量刑における被告人の社会復帰という視点はまったく入り込む余地がない．この立場に立つと，裁判員裁判において，裁判員が，被告人の更生を考え，単純執行猶予ではなく，保護観察付執行猶予を望むことは，裁判員による厳罰化の表れにほかならない．それでは，このような裁判員の判断は否定されるべきなのか．

　日本の刑事手続や刑事裁判に欠けていたもの，それは刑罰の目的としての更生という視点である．日本国憲法第31条は，「何人も，法律の定める手続によらなければ，その生命若しくは自由を奪われ，又はその他の刑罰を科せられない．」と規定し，第36条では，公務員による残虐な刑罰を禁止している．日本国憲法の中には，刑事手続における人権保障に関する規程（条文）が多く存在する．しかし，その中のどこを探しても犯罪者の更生という視点は見つからない．

　最高裁判所が作った裁判員へのパンフレット『裁判員制度ナビゲーション（2010年9月改訂版）』には，2頁に，刑罰の目的として「殺人，放火，強盗，窃盗などの犯罪は，国民の生命，身体，財産，生活の平穏，社会公共の秩序といった，国民や社会，国家の重要な利益を侵すものです．しかし，<u>犯罪の被害を受けた人が，直接犯人に報復したのでは，かえって社会の秩序が乱れてしまいます．そこで，国が，このような犯罪を犯した者に対して刑罰を科すことにより</u>，これらの重要な利益を守っています．」と記載してある（下線は筆者による）．つまり，最高裁判所は，刑罰の目的は応報にあると考えているわけである．日本の裁判官や検察官が更生に関心を持たないのはそれが職業上求められていないからでもある．

　このように，日本の刑罰，特に判決までには，温情はあっても更生という視点はない．その結果，初犯であれば，被害弁償，謝罪，引受人などの条件

が整えば温情によって寛容な処分は与えるものの，起訴猶予，罰金刑や執行猶予になった被疑者・被告人に対する実質的な更生支援はほとんどない．弁護士の多くも，判決後は，自分たちの役割は終わったとして関わろうとはしないことが多い．それどころか，個人の自由な意思決定という理念にとらわれすぎて，現実を直視することを忘れ，判決後に弁護士は関わるべきではないとまで考える者もいる．しかし，生活苦や社会的孤立を背景に罪を犯した者たちは放免された後どうなるのであろうか．何の支援もないまま社会に戻っても，生活が再建できるわけではない．今度は再犯者・累犯者として検察官や裁判官の前に戻ってくることになる．そして，起訴猶予，罰金刑，執行猶予，実刑と徐々に重い処分が科せられ，最後にはたとえ2円の窃盗であっても機械的に累犯加重が適用され有罪＝実刑となり刑務所に送り込まれるのである[29]．

　図13は，前科と量刑の関係をグラフにすることで，刑罰における累犯加重の実態を，犯罪全体と窃盗について示したものである．犯罪全体では，前科に比例して刑罰が重くなっていること，窃盗については，それが更に極端になり，2犯目から急速に刑罰が重くなっていることがよくわかる．

　また，図14は，刑務所出所者（窃盗）について，前科（入所度数）と帰住予定地の関係を示したものである．その他には，帰る場所が決まっていない人たちが多く含まれている．前科に比例して帰住予定地のないものが増加しているのがよくわかる．

　さらに，図15は，刑務所出所者（窃盗）について前科（入所度数）と再犯（再入所）の関係を示したものである．前科に比例して再入が多くなっているのがわかる．

　この三つのグラフが暗示しているのは，累犯加重の機械的適用に代表される日本の応報的刑事司法が，犯罪者の社会適応を阻害し，再犯を生み出している現実である．

7　応報と温情だけの刑事司法

　では，日本の刑事司法は，他の先進国と比較して厳罰傾向が強いのかといえばそうではない．検察庁に送検された被疑者のうち，実刑となって刑務所

図13 前科別の量刑状況

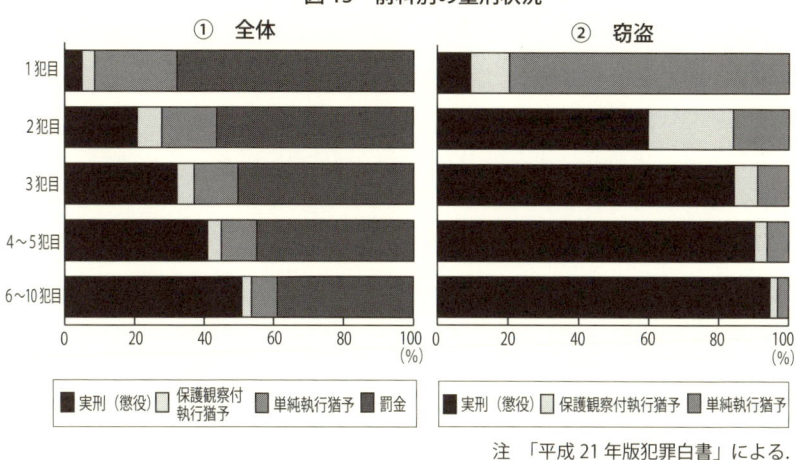

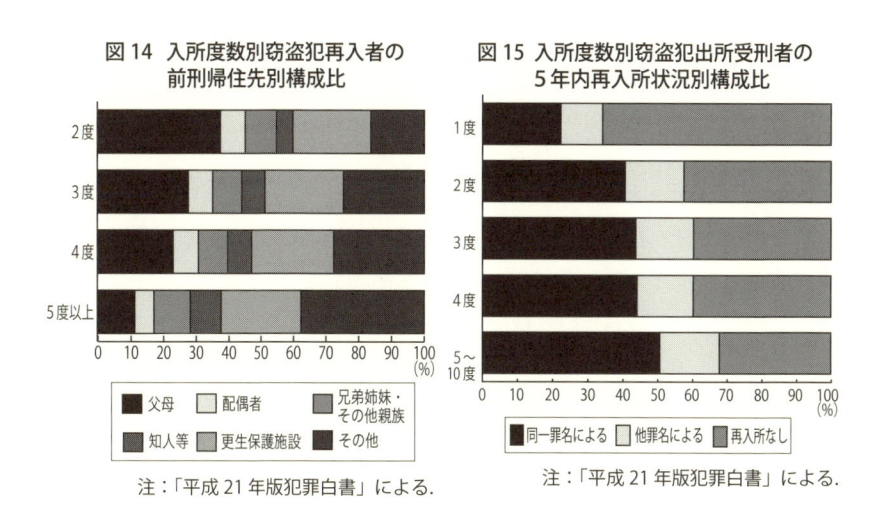

① 全体

② 窃盗

凡例：実刑（懲役） / 保護観察付執行猶予 / 単純執行猶予 / 罰金

注 「平成21年版犯罪白書」による．

図14 入所度数別窃盗犯再入者の前刑帰住先別構成比

凡例：父母 / 配偶者 / 兄弟姉妹・その他親族 / 知人等 / 更生保護施設 / その他

注：「平成21年版犯罪白書」による．

図15 入所度数別窃盗犯出所受刑者の5年内再入所状況別構成比

凡例：同一罪名による / 他罪名による / 再入所なし

注：「平成21年版犯罪白書」による．

に収容される者は2％に満たない．ほとんどの者（被疑者の98％以上）は，不起訴・起訴猶予，略式命令請求による罰金，たとえ公判請求されても半数は執行猶予となって社会に戻っていく．日本の刑事司法は，全体としてみれば，拘禁を避け，効率的に運用されていると言えなくもない[30]．日本の刑事司法は，確実に厳罰化の方向に向かっていたが，日本が超厳罰の国というわ

第5章 少子・高齢化時代の持続可能な刑事政策　131

けではない．

　問題は，この被疑者の中から選りすぐられて実刑となった2％の人たちの中に，前述のような万引や無銭飲食の高齢者が多く含まれていることである．本稿では詳述しないが，新たに刑務所に収容される新受刑者の20人に3人は高齢者であり，4人に1人はIQが70未満である[31]．つまり，いわゆる社会的弱者と言われている人が，この2％の多くを占めている．どうしてこんなことになるのか．直接的には，先に述べたように彼らが累犯化しやすいためであるが，同時に，起訴猶予，罰金，執行猶予を勝ち取るためには一定の条件を満たす必要があるからである．では，どういう条件が整えば98％の勝ち組になることができるのか．勝ち組になる条件は，端的に言って，財力（被害弁償等），人脈（身元引受人等），知的能力（内省力・謝罪等の表現力）である．一般的に，家族や仕事があり社会基盤がしっかりしている者や，経済的に豊かな犯罪者は，弁護士の支援も受けやすく，被害弁償を行うことで示談を得やすい．教育水準の高い者は，コミュニケーション能力も高く，取調べや裁判の過程で，警察官や検察官，裁判官の心証をよくするために，場に応じた謝罪や自己弁護等の受け答えができる[32]．その結果，こうした人々は，起訴猶予，略式裁判（罰金），執行猶予を勝ち取りやすく，よほどの重大な事件でなければ実刑にはなりにくい．5億円の詐欺事件でも執行猶予判決となる者がいる一方で，累犯とはいえ2円相当の窃盗でも実刑となる者がいるのはこのような理由による．高齢犯罪者の背景には，生活困難や社会的孤立があることからわかるように，高齢犯罪者は就業が困難であり，死別等で配偶者のいない者も多い．そのため，収入がなく，身元引受人がおらず，しかも認知機能にも問題のある者が少なくない．だから実刑になりやすいのである．

8　刑事司法の孤立と福祉の不在

　とはいえ，日本の刑事司法は，万引き，自転車盗や無銭飲食など軽微な犯罪の場合には，ことさら社会的弱者に厳しいわけではない．繰り返しになるが，高齢被疑者は，そうでない者と比較すると起訴猶予になりやすいのも事実である[33]．問題の所在は刑事司法の外にも存在している．それは，日本の

刑事司法が，社会福祉など他の社会制度から孤立していることにある．刑事司法によって一時的に社会からつまみ出された者たちの中には，検察官や裁判官の温情によって社会に戻される者も多い．しかし，その場合でも，そもそも彼らが犯罪を起こした背景事情である生活困窮や社会的孤立といった問題を解消するための支援が伴わなければ，何の問題解決にもならない[34]．彼らの多くは，検察官や裁判官の温情に感謝し，自らの行為を深く反省するものの，自力で支援を見つけられなければ，再び刑事司法に取り込まれ，検察官や裁判官の前に戻ってくることになる．こうして累犯化した彼らは，ある時点からベルトコンベヤーに乗せられたように釈放される端から刑務所に戻ってくるようになるのである．

判決までの日本の刑事司法に，更生という意識がないとしても温情は存在する．警察段階の微罪処分や，起訴猶予，罰金，執行猶予をきっかけに福祉などの支援につながり，生活困難や社会的孤立といった問題が解決されれば累犯化の多くは防ぐことができる．ある意味，高齢者や知的障がい者による万引き，自転車盗や無銭飲食に代表されるような軽微な犯罪は，彼らが抱える社会的問題の一つの兆候であり，社会病理としての症状でもある．にもかかわらず，日本においては，検挙が支援につながることは少ない[35]．ここに日本が抱える大きな問題がある．

日本では，検挙された人は，その段階から「犯罪者」となり福祉など一般的な社会サービスの対象からは外れてしまうことが多い．「犯罪者」は，逮捕された段階で，もはやサービスを受ける市民ではないのである[36]．筆者は大学で勤務しているが，学生が何らかの犯罪で検挙されると，彼らは教育の対象ではなくなり，それがよほど軽微な犯罪でない限り処分の対象となる．新聞に掲載されるような事件の場合には退学処分を前提に懲戒審査が始まる[37]．これは筆者の勤務する大学に限ったことではない．最近では酒気帯び運転で検挙されると免職される職場も少なくない[38]．彼らは罪を犯した犯罪者であり，処分の対象であって支援の対象ではない．懲戒免職後に，元の勤め先が就職を斡旋したら間違いなくマスコミによる非難の的になるだろう．だから，彼らのその後の生活のために公的機関が支援の手を差し伸べることはない．家族・親族・友人などの個人的な支援がなければとたんに路頭に迷ってしまうことになる．

第5章　少子・高齢化時代の持続可能な刑事政策　　133

筆者は大学教員となる前は矯正実務家であったが，福祉関係者の多くが，罪を犯した者の支援は，同じ刑事司法内の更生保護が担当すべきとしてなかなか福祉からの支援を得ることは難しかった．しかし，更生保護は，あくまで刑事司法機関の一部であり，彼らを経済的あるいは福祉的に支援し，生活を再建させる機能も能力（予算）も有してはいない．日本のもう一つの問題点は，こうした犯罪者に対する社会サービスの排他性にあると同時に，市民がひとたび犯罪者となった場合に，刑事司法機関のみが対応しなくてはならない刑事司法の孤立，つまり刑事司法機関と他の社会機関との連係の不在にある．

　この問題を解決するためには，刑事司法関係者だけでなく，福祉関係者の意識改革も必要である．刑事司法と福祉が少しでも連携し，警察官，検察官や裁判官が処分において少しでも更生を意識することができれば，それが被疑者や被告人の抱える問題を理解することにつながり，ひいては，その問題を解決するために必要な支援を提供する福祉機関につなぐことに結びついていくのではないだろうか．

　社会保障制度が充実していることで有名な北欧のノルウェーでは，これが徹底され，どのような犯罪者であっても市民としての権利を有し，福祉や医療サービスを受けることができるため，そもそも刑務所を出所後帰る場所のない受刑者はあまり存在しないし，増加する高齢犯罪者という問題も存在していない[39]．また，ノルウェーでは，高齢者に対する最低補償年金制度などが存在し，無年金者が存在しないなど福祉そのものが充実しているため，高齢者犯罪そのものが極めて少ない．

　フランスにおいても，1970年代半ばころから1980年代にかけて高齢者の所得基準が引き上げられ，それと連動する形で軽微な窃盗で検挙される高齢者数の減少が見られることが指摘されている[40]．日本の高齢受刑者に多い万引きや無銭飲食の常習は，そもそも高齢者福祉が充実していれば存在しない問題なのである．つまり，彼らを刑事司法機関が処分していること自体が，日本の高齢者福祉に大きな問題があることを示しているのである．

9　人生の最後の砦としての刑務所

　高齢犯罪者の実態からは，社会的に孤立した高齢者が万引きなどを繰り返し，社会的に孤立しているがゆえに被害弁償もできず，引受人もいないため実刑となり，社会的に孤立しているがゆえに満期釈放となり，短期間に再犯を行い，再び刑務所に戻っている様子がうかがわれる[41]．
　その要因を刑事司法システムの中で考えてみると以下のような問題点に要約することができる．
①　検察や裁判といった刑事司法機関が，応報や一般予防を主要な任務とし，再犯を防止し，被疑者・被告人を更生させることを自分たちの役割だとは考えていないこと
②　どんなに被害が軽微であっても，一定以上犯罪を繰り返すと，刑法の累犯加重原則を機械的に適用すること
③　刑事司法と福祉の連携がほとんどなく，刑事司法のどの段階でも自立が困難な状況で犯罪者となった人に対する支援がまったく行われていないこと（刑事司法における福祉の不在）
④　福祉や社会が罪を犯した人を支援の対象と考えていないこと
などである．
　そして，実刑となった高齢者は，受刑することでさらに社会とのきずなが弱まり，何の支援もないまま満期で釈放され，累犯者となる．まさに負のスパイラルがそこにある．そして，その結末として，図16にあるように，刑事施設で死亡する高齢被収容者が急増しているのである．統計から見えてくるのは，社会に居場所がなくなり受刑し，刑期満了後も行き場がなく，再び刑務所に戻ってきて，最後は刑務所で亡くなっていく受刑者の姿である．
　2011年5月30日付けの産経新聞に，「おにぎり＆お茶で強盗『刑務所に戻りたい』」と題する記事が掲載された．大阪で起こった事件だが，63歳で刑務所を出たばかりの無職の男性が，コンビニ店で食品を奪ったとして強盗の現行犯で逮捕された．彼は，レジで店員にカッターナイフを突き付け，おにぎりとお茶（246円相当）を奪ったが，その際に「警察を呼べ」と告知し，店から逃走，約200メートル離れた路上で駆け付けた警察官に捕まっていた．逃げることで罪を重くし，確実に刑務所に戻れるようにするためである．

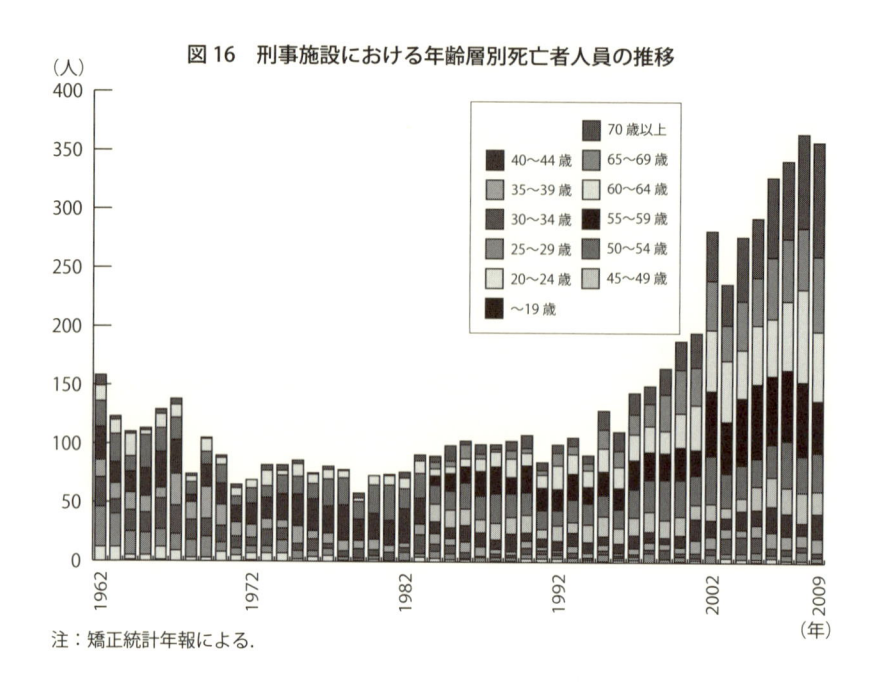

図16 刑事施設における年齢層別死亡者人員の推移

注：矯正統計年報による．

　刑務所は，社会の中で唯一収容を拒否したり，たらい廻しをしたり，途中で追い出したりできない施設である．セイフティーネットが十分に機能せず，社会が排他的になれば，居場所を失った人々が最後に行き着く場所が刑務所である．しかし，刑務所は，社会の一部である．刑務所内で死亡する受刑者は急増しているものの，彼らの多くは再び社会に戻っていく．社会の中に居場所が作れなければ，回転ドアのように受刑者は刑務所に戻ってくるしかない．日本の「応報型刑事司法」が，誰を罰しているのか，罰せられた人たちはどうなっているのか，高齢受刑者の増加は，現在の日本の刑事司法が社会の中で果たしている機能を改めて考え直す機会を与えてくれている．

10　金さん司法から鬼平司法へ

　これまでの日本の刑事司法は一言でいえば，時代劇「遠山の金さん」に代表される「金さん司法（応報ときどき温情型司法）」であった．悪人を断罪し，刑罰を科して「これにて一件落着」と宣言しておしまいである．ドラマ

136　持続可能な刑事政策とは

を見ている人は，それですっきりするかもしれないが，現実社会では，何も解決していない．これまでの日本の刑事司法の中心的な役割は，犯罪というトラブルを刑罰や刑事処分によって処理することであった．しかし，その「金さん司法」的な処理が何の問題解決にもつながっていないのは，刑務所の高齢受刑者等を見れば明らかである．

これからの刑事司法は，「遠山の金さん」ではなく，「鬼平犯科帳」のモデルとなった長谷川平蔵を目指すべきではないだろうか．長谷川平蔵は無宿人や軽犯罪者のために人足寄場を作って彼らの自立更生支援を試みた．彼は，刑罰を科すだけでなく，その先の更生を見据えていたのである．そのことになぞらえて，更生を目指した司法のことを「鬼平司法（問題解決型司法）」と仮に呼んでおこう[42]．ただし，現在の刑事司法の抱える問題を解決するために，判決後の矯正施設や保護観察制度を充実させるだけで十分ではないことは言うまでもない．そもそも，高齢者が実刑とならないような取り組みが必要なのであり，刑事司法全体が取り組まなければ，高齢受刑者の増加に代表される問題は解決しない．

なお，刑事司法には，犯罪を中止させ，犯罪事実を認定するという重要な機能がある．つまり，犯罪者を特定し有罪・無罪の判断をする機能である．これも刑事司法が担っている重要な問題解決機能の一つである．筆者もこの機能が重要であることは理解しているが，本稿は，刑事司法，そして刑罰の目的としての犯罪者の更生に焦点を当てるため，刑事処分と量刑部分にのみ焦点を当てて議論を進めることをお断りしておく．

11 応報型刑事司法から問題解決型刑事司法へ（イタリアから学ぶ）

さて，本稿の目的は，少子・高齢化社会における持続可能な刑事政策を提言することにある．問題点だけ指摘して終わるわけにはいかない．そこで，次に，これまで縷々述べてきた問題点を解決するために何が必要かを考えてみたい．

その答えは，刑事司法業界にとっては，コペルニクス的な転回となるため「言うは易く行うは難し」の典型かもしれないが，それは，刑事司法関係者

図17 イタリア及び日本における2009年末現在における受刑者の年齢層別構成比

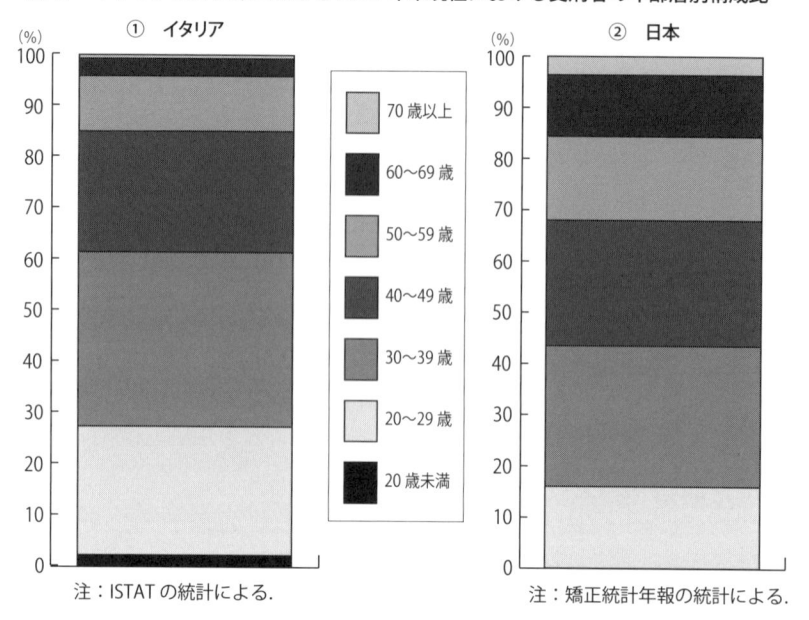

① イタリア　　　　　② 日本

注：ISTATの統計による．　　　注：矯正統計年報の統計による．

の常識に反するというだけであり，難しく考える必要はない．それは，刑事司法の機能を従来の応報から更生に切り替えることであり，刑事司法と福祉が連携し，犯罪者といわれる人にも福祉的サービスが届くようにすることである．後半部分は，現在の日本国憲法でも保障されているはずの権利である．筆者は，これを「応報型刑事司法」から「問題解決型刑事司法」への転換と呼びたいと思う．応報としての刑罰に固執しなければ，難しいことではないし，実際，少年司法や保護処分の中で一部実現されている制度でもある[43]．

では，これを可能とするためにどのような仕組みが必要なのかイタリアを例に考えてみよう．なぜイタリアなのか．それは，刑法が日本と同様に大陸系刑法を基にしていること，先進国で日本に次いで人口の高齢化が進んでいること，財政赤字も日本に次いで多く，議院内閣制を持ち，短命の連立政権が多いなど政治体制が日本と類似していること，そして，それにもかかわらず，図17にあるように高齢受刑者の割合が日本と比較して非常に少ないことによる．

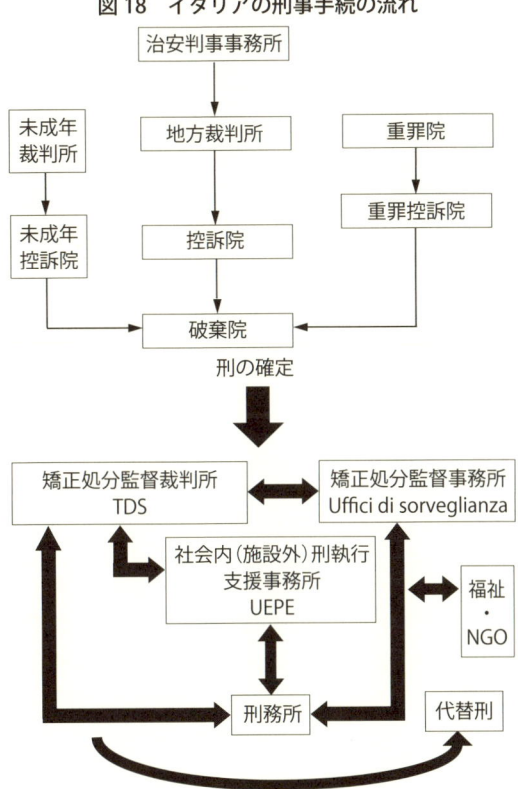

図18 イタリアの刑事手続の流れ

(1) イタリアの刑事司法

図18はイタリア刑事司法の流れを示したものである[44]. イタリアの刑事手続は，基本的な部分では日本と重なる点も多い. 日本と異なるイタリアの刑事司法の最大の特徴は，判決と刑の執行（刑務所への送致）の間に，もう一つ別のプロセス（裁判所）が介在するところにある. そのプロセスの中心となるのが矯正処分監督裁判所（Tribunale di Sorveglianza：以下TDS）である[45]. TDSは，裁判所が言い渡した刑の具体的な執行方法を検討する裁判所である．TDSの裁判体は，2人の職業裁判官，1人の臨床心理士または犯罪学者もしくは福祉専門家，1人の医師または精神科医師の4人から

第5章　少子・高齢化時代の持続可能な刑事政策　139

構成されている．審理には，受刑者のほか検察官と弁護士が参加する．イタリアでは，自由刑（拘禁刑）が宣告され，確定するとそのほとんどの刑の執行がほぼ自動的に検察官によって一時的に停止され，この間に拘禁代替刑が検討される．これは，イタリア憲法第27条[46]に，「刑罰は人道的なものでなくてはならず，更生を目的としなくてはならない」と明記されているためである．つまり，刑罰としての拘禁刑が宣告された後に，受刑者の特性を考慮し，人道的かつ更生のために望ましい刑の執行方法を検討するため，刑事裁判所とは異なる裁判所が刑の執行段階で設けられているのである．

　刑の執行が停止された受刑者については，次に紹介する司法省のソーシャル・サービス機関であるUEPE (Ufficio Esecuzione Penale Esterna：社会内〔施設外〕刑執行事務所）が日本の家庭裁判所調査官が行っているような社会調査を実施し，医療的又は福祉的な措置が必要な受刑者については自宅拘禁（公的施設への拘禁を含む）などの拘禁代替刑の必要性について検討し，その結果を社会調査報告書としてTDSに提出する[47]．

(2) UEPE（社会内〔施設外〕刑執行事務所）

　イタリアの刑務所で被収容者に対するソーシャルサービスが始まったのは1975年（法律354号，72条）で，その後，司法省内にCSSA (Centro di Servizio Sociale per Adulti) という受刑者にソーシャルサービスを実施する組織ができ，2005年の法改正により，この組織はUEPEと改称している．TDSと同様に，UEPEはイタリア憲法に書かれた刑罰の目的としての更生・社会復帰を促進するために設けられた機関である．UEPEは刑務所内でも活動しているが，組織としては司法省の管轄で刑務所とは別組織として刑務所の外に位置づけられている．組織の形態は，日本の保護観察所とも類似しているが，UEPEは，拘禁代替刑の執行を担当するほか，矯正施設の被収容者とその家族を支援対象とし，刑務所内での処遇にも関与するなど，直接受刑者と関わりながら社会復帰への調整を進める点が異なる．UEPEは，主として刑務所内で活動するグループと社会内で活動するグループの二つに分かれて活動していることが多い．UEPEの主な業務は以下のとおりである；

① 拘禁代替刑執行中の者の指導・監督および補導・援護
② 拘禁代替刑に関する調整とTDSに対する社会調査報告書の作成

③　釈放者等被収容者に対する社会復帰のための支援
④　被収容者や社会内処遇の対象者に対する社会資源（社会福祉，薬物処遇など）の調整（最適化・効率化）
⑤　被収容者の家族に対する支援

　UEPEで働いているのは，所長を含めてほとんどがソーシャルワーカー[48]であり，司法省に属してはいるが，地域のソーシャルサービスとネットワークでつながっていることが大きな特徴である．UEPEの主な業務は，ケース・マネジメントであり，処遇に最終的な責任を持つものの，被収容者や代替刑受刑者に対して薬物処遇を行ったりするなど直接プログラムを提供することはなく，職業のあっせんや福祉への引き継ぎなど，地域のソーシャルサービスへのつなぎ（コーディネーション）を主な業務としている[49]．様々な社会資源を組み合わせて処遇計画を作成し，それを管理・実行するのがUEPEの役割であり，個別支援ではなく，ソーシャルサービスとしての社会的支援であるのが最大の特徴である．

　UEPEの最大の特徴は，刑事司法内の組織で刑務所の外に位置づけられ，社会内での処遇や支援を担当するものの，刑務所内にも自由に行き来することができ，刑務所と外部の社会資源を直接的につなぐことができることにある．日本の保護観察所が同じ法務省に所属しながら刑務所とうまく連携できていないのと比較して，UEPEは組織が別でも，被告人を含めて被収容者の支援という刑務所内の業務が主な業務であるため，刑務所との連携がスムーズであることを特徴としている．さらに，UEPEは，TDSのために社会調査報告書を準備することからもわかるように，司法（裁判所）と矯正・保護処遇や社会福祉をつなげる機関であり，犯罪者の更生に向けて縦割りの刑事司法をつなげる上で大きな役割を果たしている．

　前述のようにUEPEの重要な業務の一つが，受刑者から代替拘禁刑の申請があった際に，受刑者本人やその家族や福祉関係機関等と面接しTDSに対して福祉的ニーズを含めた更生のための社会調査報告書を作成することにある．60歳以上の高齢者に対する拘禁刑が確定した場合には，その心身の状態や福祉的・医療的なニーズ，家族の受入れ体制を調査するとともに，単に報告書を作成するだけではなく，必要があれば福祉的機関につなぐことで家族の受け入れ態勢を強化しつつ拘禁代替刑に向けた調整を行う．

イタリア刑法にも，累犯加重という考え方はある．だからといって万引きなどをいくら繰り返したからといって累犯というだけで刑務所に収容されることはない．それは，イタリアにおいて刑罰の目的が犯罪者の更生にあり，刑事司法が，単純に彼らに刑罰を科して終わりにせず，TDS や UEPE が機能することで，更生，つまり犯罪者が犯罪に陥った問題を解決しようとするからである．

12　まとめ

　以上，イタリアの刑事司法を TDS と UEPE に焦点を当てて紹介した．日本で起きている累犯化した社会的弱者を大量に刑務所に拘禁するという問題を解決するためには，「応報型刑事司法」を克服し「問題解決型刑事司法」に移行していくことが必要である．そのために必要なものをイタリアから学ぶとすれば，大まかに言うと以下のようなことであろう．

① 国民全体，少なくとも刑事司法の専門家が，更生を刑罰の目的の一つとして共有すること（イタリア憲法第 27 条）
② 罪を犯した者が更生するために必要な措置・支援内容を特定するための（判決前・判決後）社会調査を行う制度を作ることとそれを考慮した量刑を行うこと（TDS と UEPE における社会調査）
③ 刑事司法内に福祉・教育的視点を取り入れ，刑事処分後に福祉や就労など更生のために必要なサービスに彼らをつなぎ，更生計画を実施するための仕組みを作ること（UEPE）

　刑罰の最終目的が犯罪者の更生，社会復帰にあるということを共有することができれば，判決前と判決後が完全に分断された現在の刑事司法の縦割りの弊害も自然と解消し，相互理解も深まるはずである．イタリアの制度を参考にすることは，アメリカやイギリスなどの英米法を基盤とした刑事司法を参考にするのと異なり，現行の刑事司法制度を前提とした状態で更生機能を追加するだけで実現できるという点でもメリットが大きい．日本もイタリアと同様に，有罪・無罪判断（事実認定）と量刑が同時に判決として言い渡される．そのため，アメリカやイギリスのように判決（量刑）前に社会調査を取り入れることは難しい．しかし，イタリアのように，いったん量刑を含め

て判決を言い渡した後で，刑の執行を停止して，判決後の社会調査を実施し，刑の執行形態を代替拘禁刑として専門の裁判体で決定すれば，知的障がい者や高齢者を刑務所に送り込むことを回避することができる．

懲役刑の執行は，刑務所の中で行わなければならないというのは我々の思い込みに過ぎない．TDSの機能にしても，それを地方裁判所内の特別法廷としてもいいし，家庭裁判所の中に特別法廷を作って家庭裁判所調査官を活用してもいい．UEPEの機能は，保護観察所を拡充して地域生活定着支援センターの機能を持たせてもいいのではないか．

いきなり刑罰から応報や拘禁による無力化といった要素を全て払しょくすることは困難かもしれない[50]．しかし，上記のような要素を刑事司法の中に取り入れていくことで，少なくとも高齢者や障がい者が軽微な犯罪で累犯化させて刑務所を死に場所とするような事態は防げるはずである．

また，軽微な犯罪で実刑となる高齢者や知的障がい者だけに焦点を当てるのであれば，新たな立法をせず，予算措置だけでできることがある．警察官，検察官や裁判官に高齢者犯罪者や触法障がい者の心理や行動の特徴に関する徹底した研修を行うと同時に，彼らが所属する機関内に，微罪処分，起訴猶予や執行猶予を選択した後に福祉につなぐ福祉専門職をコーディネーターとして置くことである．すでに刑務所では社会福祉士の配置が始まっている．これを警察や検察庁に拡大するのである．

日本には，起訴猶予という融通無碍の制度がある．起訴段階において検察官の持つ権限は大きく，検察庁内に福祉専門職が入り，福祉的ニーズの視点から検察官に助言をし，起訴猶予後に福祉サービスにつなぐだけで，高齢犯罪者や触法障がい者の累犯化をかなりの程度で止められるであろう．手続は，現在も行われている検察官と弁護人が相談して示談を進める場合と同じである．検察官と弁護人の意識さえ変われば，地域生活定着支援センターを活用することで，更生支援計画を立ててもらい，それに従うことを条件に起訴猶予にすればいいのである．起訴猶予であるため，被疑者に対しては一定心理的拘束力があり，丸投げされるよりも福祉施設等も受け入れやすいはずである．重要なのは，福祉的ニーズを考慮して起訴猶予で一件落着にしないことである．きちんと，福祉につなげなければ累犯化は防げない．

刑事司法の専門家の中でも法曹といわれる人たちは，ともすると更生＝謝

罪・反省と考えがちである．刑事司法手続において謝罪や反省が倫理的に求められること，そして，それが行為責任主義の裁判において情状的な要素になることは理解できる．しかし，同時に理解しておかなくてはならないことは，謝罪・反省しただけで人が更生できるわけではないということである[51]．法廷で涙を流して反省する被告人は大勢いるし，その後すぐに再犯をする者も大勢いる．彼らが反省したふりをしていたわけではない．

　言うまでもないことであるが，更生を目的とした刑事司法は，犯罪者を悔い改めさせて謝罪や反省を求めることではない．それでは「金さん司法」と何ら変わらない．謝罪や反省が，更生の条件として倫理的に科せられることがあるとしても，それは更生を目指した刑事司法において目的にはなりえない．「反省は一人でもできるが，更生は一人ではできない」．心を入れ替えただけで人は更生できない．人が更生するためには周囲からの手助けが必要である[52]．社会的に孤立した被疑者・被告人の場合，そこに手を差し伸べる機会があるのは，現行制度の中では法曹と呼ばれる人たちだけである．

　先に指摘したように法曹の中には，弁護士の役割は，憲法31条以下に保障された刑事手続における人権保障にあり，刑事処分後の人生に関わることは弁護士の仕事ではないと考える者も少なくない．しかし，それでは，被疑者・被告人は更生できないし，問題は何も解決しない．

　筆者の勤務する法科大学院は，市民のために働く法律家を育てることを目的としている．市民のために働く法律家という言葉には，社会的に困難を抱え，支援の生き届かない人たちに寄り添い，支援する法律家になってほしいという願いが込められている．法律家として，生活困窮や社会的孤立などの問題を解決し，彼らが社会に適応して生きていけるようにすることも法曹の役割である．刑事手続は，そうした問題点を発見するための重要の機会だと考えてもらいたい．問題の本質は，万引きや無銭飲食といった事件にあるのではなく，その背後にある生活困窮や社会的孤立にあるのである．イタリアの精神医療サービスの基本は，精神障がいを社会的文脈の中で理解し，障がいからの回復を，症状の治療だけでなく，家族や仕事など社会的な文脈の中で考える点にあり，それが犯罪者処遇にも生かされている．

　筆者の希望は，刑事弁護人には，事件をきっかけに明らかとなった被疑者・被告人の社会的困難の解消に取り組んでほしいということである．これ

こそが，弁護士の腕の見せどころであり，冤罪に取り組んで無罪を勝ち取ることだけが弁護士の勲章ではないはずである．そのためには，国や弁護士会が，そうした活動を理解し，被疑者国選における接見のように報酬加算の制度を考えるべきである．新たな法曹需要は，過払い金返還請求などに求めるのではなく，刑事弁護活動にこうした特別加算制度を設けることで掘り起こしていくべきではないだろうか．「情けは人のためならず」，こうした法曹の活動が，新たなセイフティーネットを作り，結果として，人に優しく，暮らしやすい社会が実現されるのはないだろうか．それこそが，市民のために働く法律家ではないだろうか．

さらに言えば，法曹や刑事司法が変わっただけでも，人は更生することはできない．筆者が考える更生とは，単に再犯をしないことではない．更生とは，犯罪をした人が普通に生活できるようになることであり，誤解を恐れずに言えば，犯罪者が幸福な生活を送れるようになること，刑の執行後に当たり前の市民としての人生を送れるようになることである．ある意味，障がい分野の「ノーマライゼイション」に近いものである．筆者は，「社会保障審議会障害者部会」の専門委員を務めていた．審議会で語られていた障がい者の自立や地域移行，ケアマネジメントは，少年矯正で語られる非行少年処遇の個別的処遇計画などの処遇プロセスとなんら変わることはない．心身の障がい者であれ，犯罪者・非行少年であれ，犯罪や災害の被害者であれ，人が困難を克服し，社会復帰をするプロセスに変わりはない．筆者は，過失犯を除いて犯行前に幸せに暮らしていた受刑者を見たことがない．犯罪者の更生に一番必要なもの，それは，市民が，犯罪者といわれる人たちが同じ人間であることを理解することも重要である[53]．

最後に，イタリアにならって日本国憲法第31条を次のように改正することを提案することで本稿を終わりにしたい．

「何人も，法律の定める手続によらなければ，その自由を奪はれ，又はその他の刑罰を科せられない．刑罰は，人道的なものでなくてはならず，また更生を目的としたものでなければならない．死刑は，絶対にこれを禁止する．」[54]

[注]

1 原子力政策においては，アメリカの利害も絡んでくる．原子炉の多くはアメリカ製であり，原発開発はアメリカの産業界にも大きな利益をもたらす．また，原子力の開発には，その背後に日本の核（兵器）開発など日米安保の影もチラチラ見える．

2 Davis, Angela Y., 2003, *Are Prisons Obsolete?*, Seven Stories Press (= 2008, 上杉忍訳，『監獄ビジネス――グローバリズムと産獄複合体』岩波書店)．

3 実は，政府の政策にはこうした傾向が大なり小なり認められる．筆者が所属する法科大学院制度も例外ではない．法科大学院は，原発と同様にアメリカ等の要請を受けつつ政府が「司法制度改革審議会」の議論をもとに法曹人口を増やすという目的で作られたものである．しかし，現在，法科大学院はとても困難な状況に陥っている．その理由は一言で言って，法曹需要が思ったほど伸びず，司法修習後に就職できない弁護士が増えつつあることから，司法試験合格者が当初予定の3,000人を大きく下回る2,000人程度で抑え続けられているためである．ここでも法科大学院を作る際に，法曹需要や供給とのバランスについて，正確な統計に基づいた議論が行われてこなかったことがこの問題の背景にある．少子・高齢化は，デフレを発生させ，犯罪を減らしただけでなく，交通事故をはじめに様々な事故を減らしている．つまり，弁護士が関与する事件が減っているのである．都心部では，仕事を求めて，弁護士が国選事件を奪い合う現象が生まれている．

4 藻谷浩介, 2010, 『デフレの正体』角川ONEテーマ21．

5 本稿では，少子・高齢化をテーマとしているため，犯罪者といわれる人々の年齢が重要な要素となる．そのため主として検挙人員を分析対象としている．警察統計の中でも検挙人員が，認知件数や検挙件数よりも犯罪動向を示す指標として妥当性・信頼性が高いことについては，拙著，2011, 『実証的刑事政策論』岩波書店を参照されたい．なお，検挙人員の減少は，検挙率の低下によるものではない．窃盗や重要犯罪等の検挙率が数字上低下した理由については，上記拙著を参照願いたいが，殺人の検挙率は戦後継続して95%前後で推移しているだけでなく，他の犯罪でも検挙率が急低下したのは，1990年ぐらいからであり，それ以前は，検挙人員が減少傾向にある間も，検挙率は一定の水準で推移していた．そもそも，窃盗犯の多くは余罪も多く，検挙されるまで繰り返す傾向があるため，繰り返しているうちにどこかで検挙される．検挙率は，彼らの余罪をどこまで掘り下げるかでもかなり影響を受ける．

6 普通出生率は，人口1,000人に対する1年間の出生数（死産は除く）である．なお，

1966年に出生率が急減しているのは丙午によるものであるが，これは，実際に出生率が減少したというよりは，1996年1月に生まれた場合，1965年12月と届けられたり，1966年12月に生まれた場合，1967年1月生まれと届けられたりしたためであると言われている．

7 この時期，少年の検挙人員が増加した背景には，10代の人口が増えたことに加えて，1970年代後半から「遊び型非行」というキャッチフレーズで，万引きなどを非行の入り口と考えた警察が，万引少年の積極補導・検挙を打ち出した影響もある．

8 検挙人員そのものは1984年をピークに減少し始めており，これは人口動態の影響であるが，1989年から1992年にかけて窃盗の検挙人員が急激に減少していることについては，1988年に就任した金澤昭雄警察庁長官が検挙率を上げるだけのために自転車盗など軽微な犯罪を積極的に検挙するような警察活動を改めるように指示したことによって自転車盗を中心に軽微な窃盗事件の検挙人員が減少した影響も指摘しておかなくてはならない．(前掲『実証的刑事政策論』第1章) ちなみに，本稿ではスペースの関係上省略したが，窃盗の検挙人員から自転車盗の検挙人員を除くと，普通出生率とのグラフの重なりは更によくなる．

9 第5回国会厚生委員会第19号によると，1949年5月14日の衆議院厚生委員会において，谷口参議院議長は，「しかるにその後におきまして経済的理由からする人工妊娠中絶を認めよという要望がきわめて強く，これが要望にこたえることは，他面急激なる人口の増加を抑制するためにも必要であると認め，その運用の基準を生活保護法の適用線上におく趣旨で，生計が困窮状態に陥る者を対象とすることといたしたいと存ずるのであります．」と改正提案の趣旨説明を行っている．また，谷口議長は，同月6日参議院の厚生委員会において「質の優秀なものを保存したいというのは，この法の最も必要な眼目の一つでございます……」とも述べている．

また，同第20号によると参議院において同月9日に行われた証人喚問において最高検察庁検事は，「実際に『暴行若しくは脅迫によって，又は抵抗若しくは拒絶することができない間に姦淫されて，妊娠したもの』が指定医師の認定によりました，人工中絶ができるということは画期的な私は法文であろう思いまして，非常に賛意を表しておるのでございます．〈中略〉そうしてこれは三号に「妊娠の継続又は分娩によって生活が窮迫状態に陥るもの」これは経済上の問題でありますが，第三章，殊にこの法案の全部から通覧したしますと，優生保護の目的が，不良な子孫の出生を防止し，母性の生命健康を保護するというこの二つの大きな問題になっておるのであります．そこへ

第5章　少子・高齢化時代の持続可能な刑事政策

以て来てこの経済問題が加えられるのでありまするから，考えようによっては何らかそぐいが悪いようなお考えを一般の方がお持ちになるかも知れんと思うのでありますけれども，大体現今又將來の日本の問題といたしまして，人口と食糧との二つは大きな問題なのであります．これを解決するにあらざれば国民の経済生活の安定というものが期し得られないように思うのであります．この国民の経済生活の安定が保たれてこそ初めて国内の治安の維持というものが望み得るのであります．治安の確保ができた後経済の安定がそこにあって，初めて私は文化の推進向上というものが期せられるように考えるのであります．」と述べている．つまり，当時の検察庁は，中絶を認めることによって治安の安定につなげようという目的を持っていたわけである．

ただし，当然，理念的な立場から，憲法第25条を根拠に，貧困問題は社会保障で解決すべき問題で，堕胎を認めることで解決しようとするのは非人道的であり，「貧困なるがゆえに刑法の堕胎罪の成立を阻却するというがごとき法律は避けるべきである」といった反対意見も出されている．

10 これを実数ではなく人口当たりの殺人率と中絶率で比較すると相関は更に強くなる．

11 貧困と虐待との関係については多くの文献がある（松本伊智朗編著，2010，『子ども虐待と貧困』明石書店）．

12 尊属殺人の検挙人員は1956年には134人だったが，1967年には53人に減少している．

13 遊間義一は，完全失業率と少年による殺人事件の関係を分析し，中間少年（16～17歳）と完全失業率の間に関係があることを見出し，親の失業が家族関係に影響を与え，それが中間少年の殺人と関係しているのではないかと分析している．（遊間義一，2010，「少年の殺人事件発生率と完全失業率の長期的関連」，犯罪社会学研究36：115-130.）

14 Agnew, Robert., Shelley Keith Matthews, Jacob Bucher, Adria N. Weicher and Corey Keyes, 2008, "Socioeconomic Status, Economic Problems, and Delinquency," *Youth & Society*, 40, pp:159-181.

15 アメリカでも人工妊娠中絶が殺人の減少と関係が深いと指摘している経済学者がいる．Levitt, Steven D. & Stephen J. Dubner, 2005, *Freakonomics: A rogue economist explores the hidden side of everything*, William Morrow（＝2006, 望月衛訳『ヤバい経済学』東洋経済新報社）．

16 この時期，殺人だけではなく，強盗や強姦も，少年を中心に検挙人員が急激に減少している．

17 日本の犯罪発生率が低いもう一つの理由は，人口比でみた際の犯罪・非行のピークが

14歳～16歳の間にあり，その後，急速に減少するためである．欧米では，このピークは20歳前後にある．つまり，欧米では20歳ぐらいまで犯罪・非行が増加し続け，その分だけ，日本よりも犯罪発生率が高くなるのである．また，15歳と20歳では，一つの犯罪の与える被害の大きさも異り，その影響も大きい（前掲『実証的刑事政策論』第12章）．

18 この図は，筆者のゼミ生が卒業論文の中で紹介したものである．今村泰隆，2011，「殺人と自殺の関係――日本の殺人と自殺の人口動態との関連」『法学論集――学生論集――』龍谷大学，40: 57-89．

19 平成21年1月22日付の総務省消防庁が作成した『心肺機能停止傷病者の救命率等の状況』には，「2007年中に救急搬送された心肺機能停止傷病者搬送人員のうち，心原性かつ一般市民により目撃のあった症例の1か月後生存率が，10.2％と過去3か年のうち最も高く，2005年中と比べ，約1.4倍（3.0ポイント上昇）となっています」と記載されている．

20 ちなみに，1980年と1990年を比較した際に全体として人口比で見た検挙人員が減少しているのは，注8にあるように，1988年に就任した金澤警察庁長官が，検挙率を上げることを目的とした自転車盗などの軽微な窃盗事件を積極的に検挙する方針を改めた効果が大きい．つまり，窃盗の検挙人員の中でも大きな割合を占める自転車盗の検挙人員が，金澤長官の指示によって大きく減少したため，人口当たりの検挙人員が減少したのである．

21 Sampson, Robert J. and John Laub, 1993, *Crime in the making*, Harvard University Press., Cambridge Massachusetts.

22 厚生労働所の統計によると，生活保護受給世帯数が急激に増加し始めたのは1998年からであり，社会学者の山田昌弘は，人々の中流意識と生活基盤にずれが生まれて，「将来不安」の意識が表面化してきたのは，実質GDP成長率がマイナス1％となった1998年ころからで，このころから企業ではリストラが頻繁に行われるようになり，中高年の自殺の増加によって自殺者は前の年より約1万人も多い3万2,000人に達したこと指摘している．そして，山田は，その背景に，雇用が不安定になり，先が見えなくなる「希望格差社会」の到来があると指摘している（山田昌弘，2004,『希望格差社会――「負け組」の絶望感が日本を引き裂く』筑摩書房）．

23 2010年1月NHKで「無縁社会」と題したNHKスペシャルが放送され，それをきっかけにこの表現が広く使われるようになった．（NHK「無縁社会プロジェクト」取材班，

2010,『無縁社会』文藝春秋)．また，朝日新聞も 2011 年に同様の趣旨で「孤族の国」という特集記事を掲載した．いずれも，グローバル経済の下，新自由主義政策が進む中で，人々は様々なしがらみから解放され，個としての自由を得たが同時に自己責任の名の下で個から孤に陥ってもがいている姿を描いたものである．

24　さらに言えば，高齢者の孤立化の背景には，いわゆる「安全神話崩壊」の神話がある．治安悪化や高齢者を狙った犯罪が喧伝される中で，犯罪不安におびえ，玄関を固く閉じる高齢者が増える傍らで，子供を狙った犯罪に過敏になった母親に配慮して高齢者が近所の子供に声をかけづらい世の中になっていることが，更に，高齢者の孤立化を促進している事実にも目を向ける必要がある．

25　拙著，2006,『刑務所の風景』日本評論社．

26　津島昌寛，2010,「女性と犯罪——特に政策的視点からの考察」，浜井浩一編『刑事司法統計入門』199-221．

27　太田達也，2009,「高齢犯罪者の実態と対策」警察政策 11：126-161．

28　日本の刑事司法は検察司法と呼ばれるほど検察の権限が大きいが，元検事の郷原信郎は，その著書の中で，「検察の基本的な役割は，(中略) 社会の中での逸脱者，異端者を，刑事手続によって社会から排除し，反省悔悟するのであれば，社会内に戻してやるということであり，簡単にいえば『悪者』を退治し，改心させることだ」と述べている．(郷原信郎，2009,『検察の正義』ちくま新書)．

29　拙著，2009,『2 円で刑務所，5 億で執行猶予』光文社新書．

30　日本の厳罰化については，人口 10 万人当たりの受刑者人員の少なさなどをもって日本の受刑者数は先進国の中では低い方であり厳罰化していないという者もいる．たしかに人口 10 万人当たりの日本の受刑者数はアメリカの 10 分の 1 であり，犯罪者に優しいとされるノルウェーと同程度である．しかし，これはアフリカと比較して日本の貧困問題は大した問題ではないといっているのと同じである．厳罰化というのは，厳罰に向かう方向性の問題であり，最近 15 年間の日本においては，少子・高齢化によって検挙人員が減少していたにもかかわらず，刑罰の適用範囲を拡大し，更に適用刑罰を重くすることで，受刑者人員が急増している．このように刑罰の対象や範囲を拡大させたり，一定の行為に対する刑罰を重くしたりすることを厳罰化という．

　　治安悪化神話や厳罰化によって刑事司法機関は予算・人員とも拡大することに成功した．しかし，実は，少子・高齢化によってその顧客（いわゆる犯罪者）は減少している．刑事司法機関という官僚組織が，その拡大した組織を維持しようとすれば，新たに

顧客を開拓するしかない。刑事法の世界でいう抽象的危険犯の拡大，つまり非行の低年齢化対策，深夜徘徊や喫煙といった不良行為の積極的摘発や飲酒運転の取り締まり強化といった刑事規制の前倒しは，その表れでもある。これは，見方を変えて，刑事司法機関の側に立てば，現在持っているリソースを有効活用して，社会の潜在的ニーズを掘り起こして活躍の場を拡大し，市民社会に貢献するということになる。百貨店が新規顧客として男性や若者の顧客を獲得しようと様々な努力をするなど企業（弁護士事務所を含む）が市場を開拓し新しい顧客を獲得するのと同じである。今後，少子・高齢化でますます市場が縮小する刑事司法機関にとって，組織の生き残りをかけて市場開拓するとすれば，最も有望なのは潜在的ニーズの大きい薬物（依存）市場かもしれない。

31　集団テストでIQ70未満がそのまま知的障がいを意味するわけではない。しかし，集団知能検査は，集団のIQ分布が正しく示されるように標準化されたテストである。現在，刑務所で使用されているCAPASと以前（1980年代半ばまで）使用されていた新田中B式検査においてIQ70未満の受刑者分布に差はない。刑務所の心理技官の中には，CAPASはIQ相当値が低くなりがちで，受刑者も真面目に受けないためIQ相当値が低く出がちなのではないかと指摘する者もいるが，刑務所のように高度に構造化され，行動様式がルーティーン化された環境では知的障がいの特徴は表れにくいこと，また，筆者もそうであったが，心理技官の多くは，心理テストの専門家ではあっても，軽度の知的障がいの行動や思考様式について十分に訓練を受けていないことを自覚しなくてはならない。軽度な知的障がいがあるかどうかは，彼らが刑務所から自由な社会に出たときに，どのくらいのハンディキャップがあるのかという点を十分に考慮しながら判断しなくてはならない。

32　前掲『実証的刑事政策論』第6章。

33　前掲『実証的刑事政策論』第3章。

34　高齢者犯罪の背景に孤立があることについては，『平成23年版高齢社会白書』にも指摘がある。

35　NPO法人北九州ホームレス支援機構の奥田知志は，その論文の中で，74歳で刑務所を満期出所したばかりの知的障がいのあるホームレスの男性が，旧JR下関駅舎を放火して逮捕されるまでに，万引きを含めて複数回警察官と接触し，救急車で病院に搬送され，自ら複数の福祉事務所を訪問までしながら，生活再建に必要な福祉の支援に結びつかず再犯に至った日本の現状を描いている（本書第6章参照）。

36 ある講演会で，私の講演後，「自分は元裁判官で死刑判決を言い渡したことが何度かあるが，自分は人間に死刑判決を言い渡したことはない．人間に死刑判決など下せない．彼らは人を殺したのだから人間ではない」と話しかけられたことがあった．おそらくこの元裁判官は，死刑判決を下すことに悩みぬいた良心的な人で，死刑判決を受けた人は人を殺した段階で人間であることを放棄した人であり，だから死刑になってもやむを得ないし，その意味で，自分は人間に死刑判決を言い渡したわけではないと自分自身に言い聞かせているのかもしれない．死刑制度は，それが存在するがゆえに，それにかかわる人に大きな傷を残している．

37 このあたりのことは，郷原信郎が法令遵守の名の下に事なかれ主義コンプライアンスが蔓延していると批判している（郷原信郎，2007，『「法令遵守」が日本をほろぼす』新潮新書）．

38 ちなみに，こうした飲酒運転に対する厳罰化も，刑法でいうところの抽象的危険犯という規制方式の多様化による，法益保護の早期化の一つである．つまり，「安全・安心」をスローガンに抽象的に犯罪の危険があると警察や検察が判断する事象の刑罰化の前倒しである．

39 前掲『実証的刑事政策論』第9章．

40 安田恵美，2010，「高齢者犯罪における所得保障制度の犯罪予防的役割の重要性（二・完）」，法学雑誌57(1)：102-149．

41 高齢受刑者の意識については，近藤日出夫ほか，2007，『高齢犯罪者の実態と意識に関する研究』法務総合研究所・研究部報告37を参照されたい．

42 刑事法学の研究者の中にも，刑事法の枠組みの中での議論ではあるが，社会的連帯を強めるための刑法，犯罪者を敵としてとらえ私たちの社会から排除するのではなく，犯罪者を市民として回復させることを目的とする刑事法学を研究しているグループもある（たとえば，森尾亮，森川恭剛，岡田行雄編，2010，『人間回復の刑事法学』日本評論社）．

43 筆者の言う「問題解決型刑事司法」と同様の発想に「治療的法学（司法）(therapeutic jurisprudence)」という考え方がある．小林寿一は，「治療的司法」を法の持つ治療的な主体としての機能，すなわち法が適用される者の心理的な福利を増進させる機能を分析する学問と紹介している．具体的な実践としては，ドラッグコートなどの問題解決型裁判所などを挙げることができる．この考え方は，基本的なところで筆者の考える「問題解決型刑事司法」と共通する部分は少なくない．ただ，「治療的法学」や「治療

的司法」は，薬物依存や精神障がいといった特定領域の問題を抱える犯罪者（司法クライアント）を通常司法から分離して処遇するもので，対応する主体は司法にある．筆者も「応報型刑事司法」を克服する過程の一部としてこうした考え方が取り入れられることに反対はしないが，筆者の目指す更生は，あくまで社会復帰としてのノーマライゼーションであり，治療は更生の一過程又は一形式に過ぎない．また，社会福祉がそうであるように，更生させる主体が司法である必要もない．司法はあくまで縁の下の力持ちであるべきである．実務上，司法クライアントにはある程度の強制力が必要な場合が少なくないことは事実であるが，その場合でも法や司法が主体となる必要はない．本書の序章にも記したように，ドラッグコートには，刑事司法のネットワイドニングの側面がある．罪を犯した者の更生は地域社会で行われるものであり，司法の中で人が更生するわけではないことを忘れてはならない．（小林寿一，2004，「治療的法学（therapeutic jurisprudence）の発展と刑事司法への応用」，犯罪社会学研究29：128-132.）

　　また，季刊刑事弁護64号（2010）が「治療的司法」を特集している．ドラッグコートについては，石塚伸一編著，2007，『日本版ドラッグコート——処罰から治療へ』日本評論社を参照されたい．

44　イタリアの刑事司法の詳細については，下記を参照されたい．
　　拙稿，2011，「誰を何のために罰するのか——イタリアにおける精神障がい犯罪者及び高齢犯罪者の処遇を通して日本の刑罰と更生について考える——」浅田和茂ほか編『人権の刑事法学——村井敏邦先生古稀記念論文集——』日本評論社．

45　小谷眞男，2011，「イタリアの司法統計」東京大学社会科学研究所研究シリーズNo.39『ヨーロッパの司法統計Ⅱ——ドイツ・イタリア・日本』69-129.

46　Art. 27: La responsabilit penale personale. L'imputato non considerato colpevole sino alla condanna definitiva. Le pene non possono consistere in trattamenti contrari al senso di umanit e devono tendere alla rieducazione del condannato. Non ammessa la pena di morte, se non nei casi previsti dalle leggi militari di guerra.

47　TDSが選択する拘禁代替刑としては，前掲「誰を何のために罰するのか——イタリアにおける精神障がい犯罪者及び高齢犯罪者の処遇を通して日本の刑罰と更生について考える——」を参照願いたい．また，TDSの選択する拘禁代替刑以外に，短期拘禁刑を回避するために，判決時に地方裁判所等の裁判官が直接言い渡すことのできる社会奉仕命令や拘禁に代わる罰金刑などの代替刑が存在する．

48 UEPE に採用されるためには大学で社会福祉のコースを修了する必要がある．イタリアの大学のHPを閲覧すると，社会福祉学コースの代表的な就職先の一つとして刑事司法の分野が挙げられており，犯罪学，少年非行，刑事政策といった科目についても日本の法学部以上のカリキュラムが用意されている．イタリアでは，警察においても多くのソーシャルワーカーが働いている．

49 UEPE の実務については，トリノUEPE に所属する所長の Ms. Angela Maria Reale とのインタビューによる．その他，UEPE に関する資料としては Patrizia Truscello, "Il ruolo dell'UEPE"（http://www.cedostar.it/atti_gambling/ruolo_uepe.pdf）やラッツィオ県の刑務所専門職ネットワークのホームページ(http://www.farete.it/wiki/..._GLI_UFFICI_PER_L'ESECUZIONE_PENALE_ESTERNA_(U.E.P.E.))に UEPE が作られた経緯や組織の概要についての説明がある．

50 ちなみに刑罰の一般予防効果，特に重罰化の効果については，最近の犯罪学では，それを肯定する研究はほとんどない．2010年のアメリカ犯罪学会年次大会で配布された冊子においても，統計分析の結果，長期拘禁に再犯防止効果がないことが確認されている（Rosenfeld, Richard, Kenna Quinet, and Crystal Carcia, 2012, *Contemporary Issues in Criminological Theory and Research, The Role of Social Institutions*, Wondsworth）．

51 拙著，2010，「法律家のための犯罪学入門（第4回）『罪の意識』は再犯を防げるのか？」季刊刑事弁護62：130-134．

52 日本犯罪社会学会編（責任編集：津富宏），2011，『犯罪者の立ち直りと犯罪者処遇のパラダイムシフト』現代人文社．

53 イタリアには社会協同組合と呼ばれる組織がある．「人間発達および市民の社会統合によって，コミュニティの一般利益を追求する目的を持った協同組合」で，A型とB型があり，B型は，社会的に不利な立場の人々の社会統合促進のために雇用を提供することを目的としており，法人として一般企業と同様に伝統工芸品の製作販売，清掃作業やケイタリングなどのサービスを有償で提供し，そこから一定の利益を上げ，それが組合員に賃金として還元される仕組みとなっている．ここで興味深いのは，法律で規定された社会的に不利な立場にいる人々の中に，障がい者のほかに，アルコールや薬物依存の人，虐待を受けている人，移民，拘禁代替刑を受けている者（元受刑者）が含まれていることである．障がい者であっても，犯罪者となった途端に排除する日本とは大きな違いがある．

54 なお，本稿では，高齢犯罪者の増加に焦点を当てた関係上，「問題解決型刑事司法」の

問題解決の方向性として更生を中心として議論を展開したが，問題解決には，更生や再犯防止だけではなく，当然，被害者が抱える問題の解決も含まれる．人が死亡した事件や性犯罪などについては，被害者の応報感情を解決しながら，いかに加害者の更生を実現するのかは，それ自体が大きな課題となる．それに対する一つの答えが，本課題研究における Nils Christie の論文の中にある修復的司法なのかもしれない．

[文献]

Agnew, Robert., Shelley Keith Matthews, Jacob Bucher, Adria N. Weicher and Corey Keyes, 2008, "Socioeconomic Status, Economic Problems, and Delinquency," *Youth & Society*, 40, pp:159-181.

石塚伸一編著，2007，『日本版ドラッグコート——処罰から治療へ』日本評論社．

今村泰隆，2011，「殺人と自殺の関係——日本の殺人と自殺の人口動態との関連」『法学論集——学生論集——』龍谷大学，40：57-89．

NHK「無縁社会プロジェクト」取材班，2010，『無縁社会』文藝春秋．

太田達也，2009，「高齢犯罪者の実態と対策」警察政策11：126-161．

奥田知志，2010，「第三の困窮と犯罪——ホームレス支援の現場から下関放火事件を考える——」，犯罪社会学研究36：21-52（本書第6章に転載）．

郷原信郎，2007，『「法令遵守」が日本をほろぼす』新潮新書．

————，2009，『検察の正義』ちくま新書．

小谷眞男，2011，「イタリアの司法統計」東京大学社会科学研究所研究シリーズNo.39『ヨーロッパの司法統計II——ドイツ・イタリア・日本』：69-129．

小林寿一，2004，「治療的法学（therapeutic jurisprudence）の発展と刑事司法への応用」，犯罪社会学研究29：128-132．

近藤日出夫ほか，2007，『高齢犯罪者の実態と意識に関する研究』法務総合研究所・研究部報告37．

Sampson, Robert J. and John Laub, 1993, *Crime in the making*, Harvard University Press., Cambridge Massachusetts.

津島昌寛，2010，「女性と犯罪——特に政策的視点からの考察」，浜井浩一編『刑事司法統計入門』：199-221．

Davis, Angela Y., 2003, *Are Prisons Obsolete?*, Seven Stories Press（＝2008，上杉忍訳，『監獄ビジネス——グローバリズムと産獄複合体』岩波書店）．

浜井浩一，2006，『刑務所の風景』，日本評論社．

―――，2009，『2円で刑務所，5億で執行猶予』光文社新書．

―――，2010，「法律家のための犯罪学入門（第4回）『罪の意識』は再犯を防げるのか？」季刊刑事弁護62：130-134．

―――，2011，『実証的刑事政策論』，岩波書店．

―――，2011，「誰を何のために罰するのか――イタリアにおける精神障がい犯罪者及び高齢犯罪者の処遇を通して日本の刑罰と更生について考える――」浅田和茂ほか編『人権の刑事法学――村井敏邦先生古稀記念論文集――』日本評論社．

日本犯罪社会学会編（責任編集：津富宏），2011，『犯罪者の立ち直りと犯罪者処遇のパラダイムシフト』現代人文社．

松本伊智朗編著，2010，『子ども虐待と貧困』明石書店．

藻谷浩介，2010，『デフレの正体』角川ONEテーマ21．

森尾亮，森川恭剛，岡田行雄編，2010，『人間回復の刑事法学』日本評論社．

安田恵美，2010，「高齢者犯罪における所得保障制度の犯罪予防的役割の重要性（二・完）」，法学雑誌57(1)：102-149．

山田昌弘，2004，『希望格差社会――「負け組」の絶望感が日本を引き裂く』筑摩書房．

遊間義一，2010，「少年の殺人事件発生率と完全失業率の長期的関連」犯罪社会学研究36：115-130．

Levitt, Steven D. & Stephen J. Dubner. 2005, *Freakonomics: A rogue economist explores the hidden side of everything*, William Morrow（＝2006，望月衛訳『ヤバい経済学』東洋経済新報社．

Rosenfeld, Richard, Kenna Quinet, and Crystal Carcia., 2012, *Contemporary Issues in Criminological Theory and Research, The Role of Social Institutions*, Wondsworth.

（はまい・こういち）

第6章

第三の困窮と犯罪
ホームレス支援の現場から下関放火事件を考える

奥田知志（NPO法人北九州ホームレス支援機構）

1　はじめに

　2006年1月7日午前1時50分．下関駅は炎に包まれ全焼した．犯人として逮捕されたのはFさん当時74歳．「刑務所に戻りたかった」．それが放火した理由だった．彼は明らかに「ホームレス状態」だった．それは「行き場所がなかった」ということだけを意味しない．彼のことを「心配する人がいなかった」のである．「ホームレス」とは，そのような事態であることを22年間野宿者支援の中で考えてきた．
　マスコミの報道で彼が事件直前北九州市内にいたことが判明した．小倉北区の福祉事務所で保護の申請をしようとしたが「住所がない」ことを理由に断られ，彼の出身地である京都へ「帰郷指導」をされ隣接市である下関駅までの切符（回数券）と駅から市役所までのバス代（190円）を渡されていた．保護課は「本人が京都に帰りたいと申し出，この申請に基づき法外一時扶助の手続きをしただけ」とコメントしており，本人からの保護申請の申し出があったという記録はないという．京都は，確かにFさんの出身地ではあるがすでに身寄りはいない．Fさんが京都に帰る理由は見当たらない．また，当時「水際作戦」と言われ，その後餓死事件にまで至った北九州市の保護行政の実態からすると，どちらの証言が真実かは想像に難くない．
　事件から数日後，逮捕されたFさんが下関警察署にいることを知りともかく会いに行った．全く面識はなかったが，まさにこの「全く面識がなかったこと」に責任を感じていた．20年に渡り北九州市で野宿者の支援をして

きた．2006年1月3日も小倉で新年の炊き出しを行っていた．「もし，その時会っていればこうなってなかったかもしれない」．そんな思いで下関署へと向かった．

取り調べ中とのことで面会は叶わなかった．とりあえず着替えなど準備していたものを差し入れた．その後この事件を担当されることとなった板渕力弁護士と連絡が取れ1月30日拘置所において本人と会うこととなった．

ヒモにつながれ面会室に入ってきたのは小柄でおとなしそうな人物であった．初めて会った日の印象は「この人が……」という「意外感」．これまでの犯歴を聞くと「凶悪な人物」という印象を持っていたが，そこに立っていたのは気の弱そうなひとりの老人であった．

福岡刑務所を出所して8日目の犯行だった．放火は犯罪である．たとえどんな理由があったとしてもそれは「いけないこと」．罪を犯した者は，当然法によって裁かれねばならない．しかし，この事件の本質は，そんなに単純ではなかった．私たちは，この「身勝手な老人」を裁くことはできる．刑罰を与え，彼に「そんなことをしてはいけない」と諭すこともできる．現に彼自身「申し訳ないことをしました．すいません」と私にも頭をさげておられた．だが，あの時点で74歳の行き場のない老人にとって，現実の社会にはどのような選択肢があったのか．この社会は彼に何を選択肢として提供できたのか．Fさんはあの日何をすべきだったのか．残念ながらその答えは簡単ではないのだ．下関駅放火事件は，身寄りのない困窮者，しかも「障害」を持つ者がおかれた困窮と孤立の現実を私たちに突きつけた．そのような状況におかれた者に対して，この社会が提示することができる選択肢が無かったという事実をこの事件は示したと思う．

高度な学術的な分析はできないが，この件に幾らか関わった者として，以下現場からの所感を述べさせていただきたい．現在私はFさんの身元引受人となっている．

2　北九州におけるホームレス支援

北九州においてホームレス支援が始まったのは1988年12月である．22年目の夏を迎えようとしている．「早期解散」を目指して始まった活動だが，

皮肉なことに昨今ますます忙しくなっている．これまでに自立を遂げた人は1,000名を超えた．自立率93%，自立生活の継続率は94%を超えている．

北九州での支援活動の特徴は「トータルサポート」と「伴走型支援」である．現状として市内で活動する支援団体はNPO法人北九州ホームレス支援機構しかなく，結果的に一つの団体が炊き出しや巡回相談での出会いの段階から，相談，自立支援，自立後の生活サポート，さらに看取りに至るまで一貫して支援している．いわばこの「一つの顔による伴走型支援」のスタイルが非常に大きな成果を生み出している．

自立支援に力を入れる団体によっては，炊き出しなどを行わないところがある．また，国や行政も炊き出しは野宿状態を助長するという理由であまり評価してこなかった．北九州においては活動開始以来，現在に至るまで炊き出しを続けてすでに15万食以上を配布してきた．炊き出しは，その後の相談支援や自立支援の入り口である．自立後に「あの夜，来てくれたことは忘れない」との言葉を聴く．その後の支援における関係性，特に信頼の土台が炊き出しから始まることの意義は大きい．困窮者は，困窮が深いほど沈黙へと押しやられている．「申請主義」が日本の社会保障の原則になっているが「困窮者の沈黙」という現実に対しては対処できていない．こちらから弁当を持って出かけていくというアウトリーチ型の支援事業が重要であった．

活動開始直後の10年間は，行政と厳しい対峙を続けてきた．その後2004年から北九州市との協働事業が始まり「自立支援センター」が設置された．現在自立支援センターの運営はNPO法人が直接委託を受けている．このセンターを経由して毎年120名程が自立している．その他にもNPO独自で運営する施設，抱樸館下関（定員21名），抱樸館下到津（しもいとうづ：定員6名），自立支援住宅（定員12名）を運営している．また，本年5月より福岡において社会福祉法人グリーンコープとの協働で抱樸館福岡（定員81名）を開所した．これらの施設を利用し，また巡回相談から直接居宅設置支援を受けて自立される方を合わせると2009年度は350名がアパート入居を果たされた．施設に関するコンセプトは「中間施設」ということを基本としている．原則的に施設入居は6カ月．その期間で自立のための準備をする．入所期間中は，自立支援プログラムとして，生活支援プログラム（料理や健康管理に関する講習），体操プログラム（健康維持やコミュニ

ケーション能力向上），音楽療法プログラム（メンタルケア）を行っている．その他就労支援のためのセミナーや多重債務問題の相談や依存症対策セミナーなどを実施している．

　NPO 正会員（年会費を納め，守秘義務などの誓約をしている会員）は現在 102 名，資金的支援で支える賛助会員は 800 名を超えている．さらにボランティア登録をして，炊き出しなどのボランティアに参加している方々も 300 名を超えている．

　市との協働で特徴的なのは「ホームレス支援台帳」の作成である．相談に来られた困窮者・ホームレス状態の方々のデータベースを作成している．当然本人の了解を得て作成するが，これがその後の支援プラン作成の基礎データとなる．その後，自立支援センターなどの施設に入り，さらに地域生活に移行してからは「自立生活サポートセンター」（2005 年に NPO が設置）が継続ケアを行っている．支援のステージは変わっていくが，データベースは（個人の同意を得て）引き継がれ，結果切れ目のない支援の体制が整えられる．現在データベースに登録された方は 2,000 名を超えた．

　2002 年に自立者の互助組織である「なかまの会」が発足した．それは，自立者が増加していく中で，ボランティアによる支援が限界を迎えることは必至であったこと，また「支援―被支援」の固定化された関係は，当事者にとって良くないことが明らかだったからだ．就職などで社会との関係を持っている人々とは違い，高齢の自立者は自立後孤立状況になることが少なくない．そこで高齢独居の自立者を中心に，彼らが相互に助け合うしくみとして互助組織「なかまの会」が設立されたのだ．高齢自立者 200 名の内，7 割以上が加盟する組織となっている．20 数名の世話人会が日常的に見守り，相談，病院付添，見舞いなどの活動を行う．さらに，なかまの会が喪主となり葬儀を行う．

　現在法人の有給の正職員は 50 名を超えた．ただ私たちは，そもそもボランティア団体である．よって事業部門も含めて NPO 法人北九州ホームレス支援機構の全体の活動の中核であるのは現在もボランティアによる活動である．組織全体を事業部とボランティア部に分け，ボランティア部の活動は，（事務局員を除き）すべてボランティアによって運営するようにしている．また，活動の自主性，自立性を担保とするためにも年間 2,000 万円以上の

寄付を集めて運営している．

　野宿状態の人々を支援する時，最も大切なことは「見立て」であった．「見立て」を間違うと支援は彷徨する．私たちは活動開始以来「ハウスレス」と「ホームレス」という二つの「見立て」の元に活動してきた．「ハウスレス」は家に象徴される物理的困窮を意味し，「ホームレス」は家族等に象徴される関係的困窮を意味する．各地のホームレス支援においては「失業と住宅喪失→ハウスレス」に対する取り組みを中心になされてきたように思う．国のホームレス施策も同様だった．つまり「ホーム」は重視されてこなかった．

　ハウスレスに対しては「彼らには何が必要か」を模索した．家，衣服，食物，保証人……．だがもう一つの問い，「彼らには誰が必要か」は，一層重要な問いだった．路上において「畳の上で死にたい」という声を聞く．その声に応えアパート入居を支援する．これで安心と思いきや「俺の最期は誰が看取ってくれるだろうか」という新たな問いが生まれる．それは実に自然な「人間的問い」と言ってよいし，人はこのような問いを持つことが許されている．

　「ホームレスの自立の支援等に関する特別措置法」（以下「自立支援法」と称する）は，第二条（定義）において「この法律において『ホームレス』とは，都市公園，河川，道路，駅舎その他の施設を故なく起居の場所とし，日常生活を営んでいる者をいう」と規定している．同法において「ホームレス」は，端的に「野宿者」である．それゆえ自立支援の中心課題が「就労」と「住まい」に限定されてしまった．しかし，それは「ハウスレス問題」への対応に過ぎない．それらは当然必要だが「自立」が「孤立」に終わるなら問題の本質は依然残されたままである．

　一方「関係の喪失」という視点で「ホームレス」を理解するのなら，問題はもはや野宿状態に置かれた人々に限った事柄ではなくなる．そこに野宿者を生み出すこの社会そのものが持つ問題が浮き彫りにされる．

　今から十数年前，私自身が野宿者問題を「ハウスレス」と「ホームレス」という視点で捉えるきっかけとなったある事件が起こった．深夜，中学生らしき少年二人組によるホームレス襲撃事件が頻発した．その時，当事者であるホームレスのおやじさんが語った一言が印象に残った．「襲撃は耐えられ

ない．一日も早く襲撃を止めてほしい．自分の孫のような子どもたちに襲われるのはつらい」．襲撃される苦しみが伝わる．しかし，その後この方が語られた次の一言に大きな衝撃を受けた．「夜中の1時，2時に自転車でウロウロしている中学生は家があっても帰るところが無い子どもたちではないか．親はいるが誰からも心配されていないのではないか．帰るところの無い奴らの気持ち，誰からも心配されない奴らの気持ちは，自分（ホームレスである自分）には分かるがなあ……」．問題は，家があるか，家族がいるか，ということだけではない．帰るところがない，心配してくれる人がいない．その点は，襲われた野宿の男性と襲った中学生には差異はないのだ．両者は共に「ホーム」を失っている．すなわち「関係を喪失した者たち＝ホームレス」なのである．

　現代社会は，ホームレス化している．北九州市立大学稲月教授の調査によると，アンケートに答えたホームレスの約4割が「路上生活になる直前，誰にも相談しなかった」と回答している．彼らは最終的には野宿（ハウスレス）となったが，まだ地域での生活をしていた時，自らの困窮について誰にも相談できなかったのだ．いうならば野宿状態になる以前から彼らは「孤立」状態にあり「ホームレス（関係困窮状況）」であった．地域においてすでに「ホームレス」は始まっていた．人は「ホームレスからハウスレスへ」と向かうのであって，野宿（ハウスレス）は関係の破綻の末に訪れる最終的な段階と言える．経済的困窮をどう解消するのかと，この孤立をどのように防ぐのか，この二つが社会に課せられた大きな課題なのである．よって，野宿者をハウスレス（経済的困窮者）であると同時にホームレス（孤立者）と捉えることは，野宿者を生まない社会の形成という観点からも重要であり，ホームレス問題の抜本的対策にとっても重要な視座だ．

　ホームレス支援は「彼らを社会に戻すこと＝社会復帰活動」に終わってはならない．なぜなら「復帰するところの社会」そのものが「ホームレスを生み出した社会」に他ならないからである．「そこに戻す」だけでは問題は拡大再生産される．よってホームレスの支援は，これまでの社会ではない「もうひとつの（オータナティブな）社会」，すなわち「ホームレスを生まない社会」を目指すために，経済的困窮，格差，さらに労働者を使い捨てにする非正規雇用容認社会をいかに是正し，生存権が確保されるためのセーフ

ティーネットをどのように構築するかを国の責務として問わねばならない．そして，同時に無縁・孤立を阻止する「ホームとしての社会」を創造していく活動なのである．この視点に立つ時「支援する側，される側」という固定化された関係は解消され，野宿者と支援者を含めた「市民」の側が同じ社会の一員であり同じ時代の十字架（ホームレス）を負う者として生きているに他ならないことを知ることとなる．

　戦後日本の社会保障における困窮概念の中心は「経済的困窮」と「身体的困窮」であった．「経済的困窮」に対してはハローワークや生活保護制度を，「身体的困窮」に対しては病院，老人福祉，障害福祉などが対応した．しかし現在「もう一つの困窮」に注目せざるを得ない状況となっている．つまり，「関係的困窮」である．これは，「経済的困窮」「身体的困窮」にならぶ「第三の困窮」と言ってよい．この「第三の困窮」を踏まえた新しい社会保障制度や地域の相互支援のシステムの構築が急がれなければならない．

　では，そのような「関係の困窮」を解消するために，かつての血縁や地縁に戻るべきか．そうではないだろう．そもそも地縁や血縁というもの自体が多くの問題を抱えていた．自己責任では解決がつかない時，すべては身内の責任とされた．問題を抱えた家族を身内がすべて引き受けるしかなかった．無縁である故に無援となっている地域の中で家族は関係を崩していった．「あんな奴の顔は二度と見たくない」，そう言って家族が電話を切る．それだけ見れば「冷たい家族」ということになろう．しかし，それまでの経緯を聞けば「その気持ちも分かる」という思いにもなる．度重なるトラブルに身内だけが責任を負い続けることは，家族にとって地獄の日々となる．家族が家族であり続けることができるために，その家族を支え，既存の社会的資源と結ぶ伴走型のコーディネートが必要なのだ．

　今日地縁や血縁は崩壊しはじめたと言える．大都市部ではそのような状況は明らかに進行している．社会保障の受け皿をどれだけ確保しようとも，それを本人のニーズに合わせ段階的継続的に活用するためのコーディネートをしてくれる．そのような働きこそが伴走型支援（パーソナルサポーター）である．自立意欲醸成や的確な制度利用が出来ないのは「絆の欠落」つまり「第三の困窮」に因るのである．

　「絆」が途切れる．それは「いざという時に助けてくれる人がいないとい

う事態」を意味する．しかし，それ以上に深刻なのは「自己の喪失」である．なぜなら，人は他者とのかかわりの中で自己の存在意義を知るからだ．最近頻繁に「絆」が途切れた青年たちと路上で出会う．「もう死にたい」「自分など生きていても迷惑をかけるだけ」と言う彼らに「君は自信家だね」と声をかける．「いいえ自信がないから死にたいんです」と彼らは慌てて反論するが，事実，彼らは自分に対する自分の判断（もう死ぬしかない・迷惑な存在）を絶対的に信じているのだ．孤立の中で自問自答し，自分の答えを絶対的に信じている彼らが大変な「自信家」であることは明らかである．「そんな風に自分だけを信じないで，少しは，自信をなくして赤の他人の言うことを聴きなさい」という説得を夜の街角で続けている．他者と出会うことで人は自分の存在意義を知ることができ，それが人を立ち上がらせるのだ．

　「ホームレス」問題を「関係的困窮」と捉えるならば，それはもはや今日の日本社会そのものの問題であると言える．昨今「無縁社会」が話題となっている．しかし「無縁社会」などない．「無縁か，社会か，いずれか？」なのだ．人は独りでは生きていけない．だから，人類は赤の他人が助け合う仕組みをつくった．それが「社会」である．無縁であるなら社会ではないし，社会であるならば無縁ではない．「無縁社会などない」とはその意味である．無縁化の中で「社会」が崩壊する．自己責任論は，責任を当人にのみ押し付け，他者が助けることを否定した．だからその行きつく先は「社会不要論」とならざるを得ない．社会の側が「それはあなたの問題だ．一人で解決しなさい」と自己責任論を振りかざすならば社会も国家も総理大臣も無用となる．
　私たちは「社会＝他人が助ける仕組み」を必要としている．これは自己の責任を不問に付すものではない．社会的責任が先行して，しかも不可逆的に果たされる時，真の意味で個人の責任が問い得るのだ．それが社会と個人の関係なのだ．

3　下関駅放火事件

　Fさんとは，事件後出会って以来手紙のやりとりが続いている．以下の文章は，面会時に本人から聞いたことや，手紙のやりとり，また裁判やマスコミの報道で知ったことの中から私の所感として書いているため，事実である

かどうかの裏付けはない．手紙の使用については本人から了解を得ている．

　Fさんは昭和6年京都府北桑田郡にて5人兄弟の長男として誕生している．両親は既に他界．30年前に兄弟から縁を切られており，現所在地は不明である．絶縁の理由はFさんの度重なる犯罪によるものと聞いている．

　犯罪歴は今回の事件を含めて11回に及ぶ．すべて懲役実刑であった．家族による身元引受はなく，すべてが満期出所という．最初の逮捕は22歳の時であり以降74歳の下関駅放火事件を起こすまでの54年間の内，約44年を刑務所で過ごしている．窃盗や家宅侵入を伴うケースもあったようだが11回すべてが放火事件である．心神耗弱が認められたのは過去10回の裁判中6回．医療刑務所や出所後に精神科の病院に入院したことが2度．これまで獄中に誰かが面会に来たことは一度もなかったし，出所時の迎えも無かったという．

　Fさんは，2005年12月30日，4年6カ月の刑を終え，満期で福岡の刑務所を出所している．現住建造物放火の罪で福岡地裁小倉支部において判決を受けた懲役刑による．前回の事件は，2001年に起こしているが，それはその前の刑期を終え満期出所した8日後の事件であった．

　今回の出所時には賞与金として20万円ほどを持っていたが，数日でパチンコなどに使ってしまった．刑務所から博多駅，そして小倉（北九州市）へと向かったFさん．小倉でビジネスホテルやサウナなどに宿泊した後，1月3日に友人を訪ねて再び福岡方面に向かったが所在が分からず迷っているところを警察官に保護された．カップラーメンなどを警察官からもらい，その後小倉方面に向かって歩き始めたが，途中具合が悪くなり救急車で病院に搬送されている．この時対応したのは福津市の福祉事務所であり，その際近隣市である水巻町までの電車の切符を支給されている．1月4日に福津市から水巻町，そして戸畑（北九州市）へ移動．1月5日，戸畑の区役所に行き，その後近くのスーパーで万引きし，戸畑警察署に連行された．警察官によって少し離れた駅まで送ってもらい，その日は小倉で野宿となる．1月6日，再び食料品を万引き．自ら万引きしたことを店員につげ，小倉北警察署にいくが，警察により小倉北区の福祉事務所に連れて行かれる．「被告は北九州市内の区役所で生活保護の申請をしようとしたが，定まった住所がないとの理由で拒まれている．その結果，被告は精神的に極限状況に陥り，本件に及

第6章　第三の困窮と犯罪

んだ」（弁護側の冒頭陳述）とされている．保護の担当者は，「ご本人が来て，郷里の京都に帰りたいとの話をされた．『旅の途中でおカネをなくした』ということで，規定に従って下関駅までのＪＲ回数券（270円）と下関市役所までのバス運賃（190円）を渡しました．規定に従って手続きをした．ごく簡単なやり取りがあっただけで，それ以上の記録はありません」と当時の保護の担当者は証言している（『東洋経済』6067号）．本当のことは分からないが，その日Ｆさんが福祉の窓口に行ったことは事実であり，直前食品を万引きするぐらい困窮状況にあったことは担当者も理解していたと思う．しかし，小倉北区の福祉事務所において支給された回数券を持って，Ｆさんは下関駅に向かうことになる．それは，もう午後4時を過ぎていたという．下関駅から下関市役所までバス代も持たされたが，その時間から福祉事務所の窓口に行ったところで，どうにもならないタイミングであったことは確かであったし，たとえもっと早い時間に下関市役所に到着出来ていたとしても，そこでＦさんに対する何らかの対応が取られたかは疑問である．下関駅が炎に包まれたのは，Ｆさんが小倉の福祉事務所を出て9時間後のことであった．下関駅についたＦさんは午前０時前になり警察官から駅構内から退去することを求められ，その後犯行に及んだ．

　12月30日に刑務所を出所してＦさんが下関駅に放火するまでの8日間の足取りを追うと，彼は警察，病院，役所など公的機関に複数回出会っている．彼が困窮状況にあることは，それぞれの担当者には容易に見当がついたことだと思う．にもかかわらず彼の受け皿となる場所は存在しなかった．ただ，これらの公的窓口が今回のような住所不定状態で，身内が無く，満期出所の刑余者で，高齢のため働くこともできず，すでに一文無し状態の困窮者に対する支援の仕組みを持っていないのも事実である．そのような事態への対応は，そもそも業務上想定されていないのだ．このような状態の方が，満期出所することで一切の公的枠組みから離れてしまうと，単独で地域生活を始めることがほぼ不可能だと言わざるを得ない．放火の理由について当初「むしゃくしゃして」とか「鬱憤をはらすため」などと報道されたが，裁判では一貫して「刑務所に戻りたかった」と証言しており，私が面会した際にも「お金もなく，行く場所もない．刑務所に戻りたかった」と証言している．また，放火については，放火が重罪であり，結果，長期間刑務所に居られる

との判断があったようだ．「被告は寒く，おカネも行く所もないので，そのむしゃくしゃした気持ちを晴らすとともに，駅舎を燃やして長期間刑務所に服役しようとした」（2006年9月25日の検察の冒頭陳述）．それは，彼が生きるために繰り返し行った歪んだ選択だった．だがこの「歪んだ選択しかできない」という事実が今日の社会の現実を示しているのだ．

また，Ｆさんはこれまで11回の裁判をうけており，その度に責任能力や心神耗弱が問われ，数度の精神鑑定も受けている．精神疾患等はないとのことだが，彼自身が知的障害を持っていることは何度も確認されている．当然そのことは，裁判における大きな争点であった．だが問題は裁判で再三知的障害を確認されていたＦさんが79歳の今日に至るまで療育手帳を取得していない（できない）まま過ごしているという事実である．刑余者が地域生活を開始する時，更生保護の枠組みだけで対応できる範囲は限られている．特に満期出所者には，活用できる更生保護の枠組みもない．出所後，地域で暮らし始めるに当たり，ましてや「障害」を持つ刑余者が生活を開始するに当たっては，厚生労働省が管轄する障害福祉など，総合的なケアのコーディネートが必要となる．Ｆさんの場合は，40年間も刑務所という公的枠組みに身を置きながらも，公的扶助へのつなぎが全くなされていなかったことが残念でならない．

面会の際「なぜ火を付けたのですか」という私の質問に，Ｆさんは「刑務所に戻りたかった」と答えている．単に刑務所に入るのなら他の犯罪でも良いのではないかと思うが，放火，しかも現住建造物放火が，他にくらべ長期間刑務所に入ることができることを本人は分かった上，放火を繰り返してきたようである．

判決後，ある方が私を訪ねてこられた．この方はＦさんの裁判が行われていた頃，NPO法人北九州ホームレス支援機構の支援を受け自立された方だった．彼は野宿になる前，福岡の刑務所でＦさんと同房であったという．私がＦさんに関わっていることをニュースで知り訪ねて来られたのだ．この方は，Ｆさんが出所した日のことを鮮明に覚えておられた．「Ｆさんは，みんなからＦちゃん，Ｆちゃんと呼ばれていました．出所の日，皆にサヨナラと言ったＦさんは，最後に私たちの方を振り返り『すぐに戻ってくるから』と言ったのです．その後，すぐ放火事件が起き，犯人がＦさんであることを知り

ました」とのことだった．私たちが支援をしたこの方が，Ｆさんと知り合いであったことに不思議な縁を感じる．彼の証言が事実だとするとＦさんは，出所前から自分の居場所が社会にないことを認識しており，結果，自分は刑務所に戻るしかないとの覚悟を決めていたことになる．過去10回に及ぶ出所，再犯，再入所を繰り返してきたＦさんにとって，それが唯一の現実であり，唯一の選択肢であったのだ．

　初めて拘置所に尋ねた際のやりとりは忘れられない．自己紹介をし，私自身ホームレスの方々の支援をしてきたこと，Ｆさんが直前おられた北九州で活動していることを伝えた．その後，放火の理由が行くところもなく，お金もなく，寒く，刑務所に戻りたかったのだと告げたＦさん．野宿の人々の現実を長年見てきた私としては事情は痛いほど分かる．「しかし，どんな理由があっても放火はだめです」と申し上げると，Ｆさんは素直に「申し訳ありません」と頭を下げられた．「出所したら迷惑をかけた方々に一緒に謝罪に行きましょう．私も一緒に行きますから．約束できますか」との問いかけに「約束します」とのことだった．その後「これまで何回も放火で逮捕されていると聞きましたが，なぜ，放火ばかりするのですか」と尋ねたところ，彼は面会室のガラス越しに自分のお腹を見せながらこう言った．「小学生の時，畑の草抜きをしろというお父さんの言いつけを守らず，隣りの子と遊んでいました．夜中の２時ごろ，父親に起こされ，五右衛門風呂のたき口に連れて行かれ，火のついた薪をおなかに押し付けられました．その時の傷が今も残っています．あれ以来父と火を恨むようになりました」．Ｆさんのお腹には大きくやけどの跡が残っていた．この事は裁判においても証言されている．「それは大変でしたね．お父さんにそんなことをされると傷ついたでしょうね．でもね，Ｆさん．火をつけられて嫌な思いをされたあなたが，他人の家に火をつけたらだめですよ」と申し上げると静かに耳を傾けられていた．

　私は，ホームレス状態の方を支援する時，必ず質問することがある．一つは「あなたの人生で最もつらかった時はいつですか」である．それは，今後はじめる支援における絶対に避けるべきポイントを確認するためである．Ｆさんはすぐさま答えられた．「刑務所を出た時に誰も迎えにこなかった時です」．「ならば，Ｆさんが今後どこの刑務所に送られることになったとしても，必ず出所の時には私が迎えに行きます」と言うと彼は嬉しそうにお辞儀をされた．

さらに「あなたの人生でいつが一番良かったですか」と尋ねた．それは，支援における目標を定めるためだ．ひと時の沈黙の後，Ｆさんが語られたことに衝撃を受けた．「そうだな．やっぱりお父さんと暮らしていた時が一番良かったなあ」．「でもお父さんは，あなたにひどいことをした人じゃないですか．それでもお父さんが良いんですか」と問う私に「やっぱり独りよりもあの時の方が良かったです」とＦさんは仰られた．事件後始まったＦさんとの文通はすでに40通を超えた．Ｆさんが繰り返し，繰り返し書かれるフレーズがある．「ぼく刑務所出る時だれ一人と迎へにきません．今度刑務所を出る時は，奥田さんが迎えに来てくれるので楽しみです」（原文のまま）．

2006年1月27日にＦさんは山口地裁に起訴され，その後裁判が始まった．裁判には傍聴させてもらったが争点となったのは，Ｆさんの精神状態，責任能力，そもそも駅を全焼させる意図があったのかなどであった．残念ながら，この事件を生み出した社会自体を問うことはあまりなかった．すなわち74年間の人生の半分以上を刑務所で過ごした知的「障害」を持つ身寄りのいない老人が，出所後8日目に，しかも「刑務所に戻りたかった」という理由で放火事件を起こしたことの社会的意味に対する検証はなかった．そもそも刑事裁判において，そのような「社会検証の作業」がなされないのはいわば当然だろうが，事件の本質は，障害を持つ刑余者が出所後何らの社会保障制度にも届かず累犯を重ねる結果となっていること自体にある．そのような社会の現実が同時に問われ，裁かれねばならなかったのだ．

文化財となっていた駅の焼失，さらに5億円を超える被害からマスコミ等も注目する事件であったが，裁判の傍聴席にはマスコミの他は私しかおらず，彼自身の状況を示していた．

また，板渕弁護士からの依頼で情状証人として出廷し証言することとなった．私としては，事件そのものに関して証言することはできないが，満期出所後の身寄りのないホームレス状態の人間が単独では地域生活を始めることができない現状と今後Ｆさんにはどのような支援が必要であるか，さらに出所後のＦさんを引き受ける準備があることについて証言したことを覚えている．

2008年3月12日求刑の日を迎えた．それまでの裁判はすべて傍聴したが，この日だけは他用があり出席できなかった．検察側は懲役18年を求め

た．求刑に当たり本人が発言する機会が与えられた．その日の夜，傍聴した新聞記者からの電話があった．その記者は興奮しながらＦさんの様子を伝えてくれた．「これまでの裁判では『刑務所に戻りたい』と言っていたＦさんが，いよいよ裁判の終わりになって初めて『社会にもどりたい．奥田さんのところにいきます』と仰ったんです．僕，感激しました」．

2008年3月26日．山口地裁において判決が言い渡された．板渕弁護士からは「長ければ18年，15年は覚悟してください」と伝えられていた．すでに76歳になっておられたＦさんにとって15年は長すぎる．「生きては戻れない」という心配がよぎる．山本恵三裁判長は，有罪，懲役10年（未決勾留期間600日を含む），ライター1個没収の判決を言い渡した．判決理由では「刑務所を出所後，寒さをしのいでいた駅を追い出されたことから放火した短絡的な犯行．被害額は5億円以上で，列車運行にも重大な支障が生じた」と述べ，被告人が心神耗弱状態だったとして自白調書の任意性なども否定した弁護側主張はいずれも退けられた．被告人の責任を完全に問う判断であった．

ただ「被告人の責任は重大である」とした判決文の最後に，以下のような文章がつづられていた．「一方，被告人は軽度知的障害で，かつ，当時74歳という高齢でありながら，刑務所を出所後格別の支援を受けることもなかったもので，そのような中，被告人が所持金も有為に使えず，社会に適応できないまま，上記のような境遇に陥ったことについては，被告人のために酌むべき事情というべきである」．「刑務所を出所後格別の支援を受けることもなかった」．「格別の」ではない．「当然の」，あるいは「必要な」であろう．いずれにせよ，「支援がない」という現実を判決文は認めていた．

懲役10年は，私たちの予測をはるかに下回っていた．未決勾留期間を差し引けば実質8年の判決．判決理由には明示されなかったが，諸事情を考慮しての判決であったことは明らかだった．

判決後，私は単純に喜んでいた．8年後，84歳ならばＦさんと再会できるチャンスはある．約束通り，二人で謝りに行き再出発を考えられる．期待に胸が膨らんだ．しかし弁護士から実質求刑の半分以下の判決だったので控訴される可能性が非常に高いとの報告を受け，急いで控訴断念を検察に申し入れることとした．

以下が，その時の嘆願書である（原文のまま）．

山口地方検察庁　検事正様
Ｆさんに対する控訴断念の嘆願

　私は，奥田知志と申します．北九州市においてキリスト教会の牧師（日本バプテスト連盟東八幡キリスト教会）をしています．また，その傍らホームレス支援のNPO法人（NPO法人北九州ホームレス支援機構）の理事長をしております．ホームレス支援に関しましては活動開始以後20年が経過しており，現在は北九州市内のみならず山口県下関市においても自立支援施設を有して困窮者の支援に取り組んでいます．

　下関駅放火焼失事件のことは新聞等の報道で知りました．逮捕された被告が74歳のホームレスであることから事件後すぐにＦさんを下関警察署に訪ねました．以後Ｆさんとは拘置所での面会や手紙のやりとり，差し入れ等の支援を通じて交流を続けてきました．第二回公判には情状証人ということで出廷もいたしました．Ｆさんとの手紙のやりとりはこれまでに31回に及びます．

　先日3月26日山口地方裁判所においてＦ被告に対して判決が申し渡されました．検察官からの求刑18年に対して懲役10年，ただし未決拘留600日を認めるという主旨の判決でした．事件の重大さを考えると厳しい判決とならざるを得ないと本人も私自身も覚悟していました．すでに76歳となるＦさんにとって10年は決して短い期間ではありませんが，判決後刑務所を訪ねた際本人は「刑をつとめたい．控訴はしない」と申しておりました．

　面会当初より「放火はいけない．どんな理由があってもしてはならない」旨を繰り返し本人に申してきました．その件について本人は十分理解反省していると思われます．私に対して一度も放火を正当化する発言をされたことはありませんし，裁判においてもそれは同様であったと思います．彼は今悔いていると思います．

　放火は決して許されない行為です．今回の裁判を通じてＦさんはその罪の重さを再認識したと思います．しかし，残念ながらこれまで犯罪は繰り返されてきました．Ｆさんは人生の多くの時間を刑務所で過ごしてこられました．私は，なぜそうであったのかを今考えています．Ｆさんが手紙の中で繰

り返し，繰り返し書かれていることは「これまでぼくを支えてくれる人は一人もいませんでした」ということでした．ここに大きな問題があると感じています．Ｆさんにとって困窮状況になった時の帰る場所は，実のところ刑務所だったのだと思います．それは当然誤った認識ですが，天涯孤独の身の上で障害を持つＦさんにとってそれ以外の選択肢，もしくはそのことについて支援してくれる誰かとの出会いは，74年間無かったのは事実でした．私たちは「放火はいけない」という最低限のルールを判決を通じてＦさんにまず伝えなければなりません．しかし，一方で「ではあの夜，Ｆさんは，本来こうすべきだったのだ」というアドバイスを誰がすることができたかが問われていると思います．それがない社会であるという現実が問われています．最後の望みで訪れた福祉事務所には住所がないという理由で断られ，所持金もなく，寒さに凍える74歳の障害を持つホームレスの老人はあの日何を選択できたのか．誤解のないように申し上げますが，私はそれをもって放火を正当化するつもりは毛頭ありません．しかし，北九州だけでも毎年路上で10名以上がなくなっていくホームレスの現実を20年間見てきた者として，あの日選択肢がほとんどなかったこと「死ぬぐらいなら刑務所に帰りたい」と思ってしまったＦさんの判断は，間違ってはいますが「この社会の現実」であることも確認したいと思います．

　これまで何かあると「刑務所にもどる」という誤った選択をしてきたＦさんです．しかし，この二年間の手紙のやりとりの中で彼は今「刑務所を早く出たい」と願うようになりました．火を付けてでも刑務所に入りたいと思っていたＦさんでした．刑務所にしかこの世での居場所を見つけることができなかったＦさんが，今一度社会の中で生きようとしています．これは大きな変化です．

　Ｆさんの出所後のことは，私が責任をもって支援します．NPO法人北九州ホームレス支援機構が行ってきたホームレス支援の基本は，「ハウスレス（ハウス：家に象徴される物理的困窮）」に対する支援と共に「ホームレス（ホーム：家族に象徴される関係の困窮）」に対する支援でありました．刑務所は，Ｆさんにとって寝場所と食など最低限の物理的困窮をしのぐ場所でありました．これ自体間違いでありますが，何よりもＦさんに決定的に欠如していたことは「ホームと呼べる関係」でした．20年に及ぶホームレス

支援の中で，私たちは「ホームレスとハウスレス」という二つの課題に取り組んできました．私たちは，今後出所されたＦさんに対して必要な支援を提供することができると思います．

そして何より，ご存じの通りＦさんはすでに76歳となっています．時間が残されていないのは明らかです．私としては，10年の刑期をしっかりとつとめ，再び（いや正確には今回初めてなのかも知れませんが）社会の中で，地域の中で人と共に生活されることを願っています．76歳になってやっと刑務所以外に居場所を見出そうとしているＦさんです．一日でも早く社会での更生がスタートできるようにご配慮をお願いします．

最後に判決後Ｆさんから届いた手紙の文面を添えます．

「ぼくは今深く反省しています．検事さんこうそしないでください．今度刑務所でたら奥田さんの所へ帰って一生懸めい働きます．もう二度（と）お（な）じ罪は犯しません．どうか検事さんこうそしないで下さい．くれぐれもよろしくお願いします．ぼくもこうそはしませんから．

（以後奥田宛の文面）ぼく元気で刑をつ（と）めてきますから奥田さんも元気で身体に気（を）付（け）てください．ぼくが刑務所出（た）とき奥田さんがむかえにこられるのを楽しみしています．今ご，ぼくのことをよろしくお願いします．」（3月27日消印　カッコ内は奥田による加筆）

罪は罪です．裁かれて当然です．しかし私は，74歳の行き場がなかったホームレスの老人が，しかも刑務所にしか自分の居場所が見出すことができなかった困窮孤立の老人が，再び生きる希望を見出すことのできる社会でありたいと思います．Ｆさんを生きて更生させることは，社会の側の責任であると思いますし，ホームレス化していく現在の社会にとって大きな希望となると信じています．

上記のような事情です．どうぞ，情状を酌量いただき，控訴を断念していただきたいと思います．

2008年4月4日
東八幡キリスト教会牧師　NPO法人北九州ホームレス支援機構理事長
奥田知志

控訴期限の 4 月 10 日，新聞は次のように報じた．「【JR 下関駅放火：懲役 10 年が確定　地検が控訴せず】山口県下関市の JR 下関駅に放火したとして，現住建造物等放火罪に問われた住所不定，無職，F 被告（76）に懲役 10 年（求刑懲役 18 年）を言い渡した山口地裁判決（3 月 26 日）について，山口地検は控訴期限の 9 日，控訴しないと発表した．10 日午前 0 時，判決が確定した．地検に控訴しないよう申し入れていた同被告の身元引受人でもある北九州ホームレス支援機構の奥田知志理事長（44：当時）は『事件は重大だが，生きてもう一度，市民生活に戻れる可能性が高まったのではないか．（出所まで）本人の心の準備も当然だが，社会の側もどれだけ変われるかが問われる』と話した」（毎日新聞 2008 年 4 月 10 日）．

　検察の控訴断念がどのような意図に因るのか知らない．しかし，この事件に関わった多くの人々が，事件の本質を単に一人の特異な人物による犯罪と見るのではなく，社会そのものの在り方にあったことを感じ取ったのではないかと思う．今回の事件を通じて明らかになった社会の現実に対して私たちは，どのように向き合い，新たな一歩を歩み出せるのかが問われていたのだ．

　3 月 26 日，判決裁判の後，夕暮れ迫る拘置所を訪ねた．F さんは，いつも通り淡々と「お世話になりました」と仰った．「良かったですね．8 年です．F さん．死んだらいかん．生きてください．生きて出てきてください．あなたにはやるべきことがある．刑務所以外に行き場のあることを皆に示す責任がある．僕も 8 年間でやるべきことをやりますから．その日，僕が必ず迎えに行きます」と言うと，F さんは声を上げて泣きだされた．出会って二年，初めて感情を表に出された瞬間だった．

4　ホームレス支援における「障害」者支援

　2004 年より北九州市において官民協働の「ホームレス自立支援センター」の運営に携わっているが，ホームレス経験者のなかに知的障害や精神障害を有する人の割合が非常に多いことが明らかになってきた．ただし，重度の障害のある人はおらず中等度〜軽度の障害であることも判明している．

　以下，ホームレス自立支援センター北九州で実施している，手帳取得や精

神科受診までの流れである．

① 聴き取り調査
　学歴・学校での成績・出生時の様子・職歴・職務内容・転職理由・野宿理由・借金の有無・既往歴・家族情報など詳細な聞き取りを行う．
② 作文評価
　入所時に「今後の抱負」（今からセンターでどのようにがんばるか等の決意）を書いてもらい，誤字脱字が多くないか，漢字が書けているか，文章構成はできているか，等の評価を行う（話すことは普通であっても，文章が苦手なことが多い）．
③ 作業適性検査（内田クレペリン検査）
　職業適性検査として導入した内田クレペリン検査であるが，性格傾向や知能とも関連があり，療育手帳の取得や精神科受診を勧めるかどうかの指標のひとつにしている．実施は臨床心理士の資格を持つ生活相談指導員が担当している．
④ センターでの生活の観察評価
　日常生活での様子（依頼したことを確実に行えるか，ルールが理解でき守ることができるか，臨機応変に対応できるか，コミュニケーションが円滑に行えるか等）を観察する．ホームレス状態での相談では，時間が限られているため生活全般を共にしたり，観察することが難しいが，センターに居住することでその人の日常生活全般の様子がはじめてよく分かるようになる．また，精神科に受診する際は診察時間が限られており，医師であっても日常生活の様子を把握するのは困難であるため，生活相談指導員が日常生活でのエピソードなどを医師に的確に伝えることが重要となる．

　以上の判断材料から，療育手帳の申請や精神科受診を勧めた方がよいか，生活相談指導の担当者，巡回相談指導員，臨床心理士・主任で協議し，勧めた方がよいと判断した場合，多くは生活相談主任から入所者に勧める．直接の担当者から勧めないのは，療育手帳や精神科受診を勧めることで，尊厳を傷つけたられたり精神的にショックを受ける可能性があるためで，場合によっては担当者との関係を構築するにあたってマイナスとなる場合があるか

らである．ショックを受けたと思われる場合は，担当者がフォローすることになる．

ただ，「ホームレス自立支援センター」事業は，2002年に成立した「ホームレス自立支援法」に基づくもので，就労支援を主な任務としている．よって現在の実施要綱には「障害」者ケアの専門職配置が義務付けられていない．各地の自立支援センターでは知的「障害」や精神「障害」があるにも関わらず，見逃されている可能性が高いと推測している．障害が明らかになれば，福祉関連の施策とも連携が取りやすくなり，さらに総合的にホームレス支援ができるはずである．これは，多くのホームレス支援施設が，刑務所同様，障害支援のプログラムを持っていないことを示している．

北九州の場合は，上記の通り，2004年に自立支援センターの事業を開始した直後から，担当者が「障害」者の存在に気づき，市との協働で独自の体制をつくって対応した．自立支援センターは，毎年100〜120名程度が支援を受け自立されるが，ここ数年は入所者の6割以上が精神疾患もしくは知的「障害」を持っていることが明らかになっている．

ただし，この数値がいわゆる「ホームレスにおける『障害』率」そのものであるかは慎重に判断しなければならない．北九州の自立支援センターで「障害」率が増えた2007年．それまで「水際作戦」などと言われる生活保護の締め付けが問題になり餓死事件など痛ましい事件も起こり，その後市長交代という事態の中で生活保護の運用が適正化（緩和）された年である．結果，自己判断（申し立て）が出来る困窮者の多くが保護申請へと向かい，単独での自立生活開始が困難な困窮者が自立支援センターを利用するという傾向が見え始めた．よって，自立支援センター退所者の6割が「障害」者であることをもって，ホームレスの状態の方の6割が「障害」者であるとは言えない．

この項の最後に北九州の自立支援センター入所者に関する刑余者の状況について報告する．これは，2004年9月〜2010年6月までにセンターを退所した545人に関する調査である．ただし，自立支援センター入所時の聴き取り調査では「賞罰」などの項目はなく，これはあくまで本人が聴き取りの過程において自己申告されたケースに限られた数値であるので，必ずしも全体を把握する正確なものではない．

先ずこれまでに「刑務所に入ったことがある」と証言されている人の数は70名で全体の12.8%に当たる．ここには逮捕経験はあるが不起訴処分などで刑務所にまでは行かなかった人は入っていない．

刑余者70名に占める「障害」の割合は80%で極めて高いことが分かる．「障害」の内訳は，**表1**の通りである．大枠では，身体障害のある人11%（8人／70人），知的「障害」のある人50%（35／70），精神障害のある人39%（27／70）となっている．

知的「障害」の等級等，また精神「障害」の内訳ついては，**表2，3**の通りである．

さらに，70名の中で自立支援センター退所後に再犯した人は5名（7%）であった．この5名については全員が再犯時，無職であり，5名中4名が当時再野宿状態であった．ここで言う再犯者とは刑が確定した者である．

センター退所時の収入形態および居住形態と再犯率の関係は以下の通りである．就労自立の再犯者2名は，センター退所時は就労自立であったが再犯時無職であった．また，民間アパートのうち1名は，再犯時は無職かつアパートを退去していた．

自立支援センターにおいて生活相談主任である山田耕司は，刑務所経験のある者のうち，ホームレス自立支援センターを退所後，再犯をした5名に共通する特徴を上げている（**表4，5**も参照）．

(1) 障害があると思われたが，障害手帳取得や医療につながらなかった．2名が知的障害の疑いがあったが，手帳は取得できなかった．1名は薬物依存の疑いがあったが，病院の受診はできなかった．1名はアルコール依存症で再犯の直前まで精神科病院に入院中であったが，本人の強い希望により退院したばかりであった．
(2) 再犯時，全員無職であった．
(3) 再犯時，5名中4名が野宿状態であり，定住先がなかった．1名は入所中に療育手帳を取得したが，自主退所し，野宿状態であった．
(4) 福祉サービスを受けている人，安定した収入がある人，居宅のある人は再犯する率が非常に低いことが明らかである．また，施設入所・入院をした人のうち，再犯した人は皆無であったことから，再犯防止には生活を安定さ

自立支援センター退所者における「障害」に関する調査

区　　分		04年度退所者	05年度退所者	06年度退所者	07年度退所者	08年度退所者	09年度退所者	合　計
知的障害or精神疾患(F＝A～E)		3	26	49	55	63	69	265
	知的障害だけA		11	19	21	29	37	117
	精神疾患だけB	1	9	12	16	14	17	69
	知的障害かつ精神疾患 C		2	5	9	11	7	34
	アルコール依存症 D	2	3	6	2	6	3	22
	知的障害かつアルコール依存症 E		1	7	7	3	5	23
知的障害も精神疾患もない		12	79	53	35	37	44	260
合　　計　G		15	105	102	90	100	113	525
構　成　比　F/G		20%	25%	48%	61%	63%	61%	50%

表1

障害	人数	割合
身体	3	4%
精神	15	21.5%
精神＋身体	3	4%
知的	25	36%
知的＋身体	1	1.5%
知的＋精神	8	11.5%
知的＋精神＋身体	1	1.5%
なし	14	20%
総計	70	100%

表2

知的等級内訳	人数	割合
B1（中等度）	11	31%
B2（軽度）	24	69%
総計	35	100%

表3

病名	人数	割合
アルコール依存症	15	55%
気分障害	5	19%
てんかん	2	7%
その他	5	19%
総計	27	100%

表4

退所時　収入の形態	人数	再犯数	再犯率
就労	14	2	14%
就労（＋生活保護）	15	0	0%
年金	2	0	0%
生活保護	27	0	0%
なし（自主退所）	12	3	25%
総計	70	5	7%

表5

退所時　住居の形態	人数	再犯数	再犯率
民間アパート	37	2	5%
会社寮	3	0	0%
グループホーム（障害者）	7	0	0%
知的障害者入所更生施設	1	0	0%
救護施設	4	0	0%
養護老人ホーム	2	0	0%
有料老人ホーム	1	0	0%
入院	3	0	0%
野宿	6	2	33%
不明	6	1	17%
総計	70	5	7%

せることと同時に相談できる人（相談員）を確保する支援が大切であると推測できる．

5　終わりに——絆の制度化

　ホームレス支援の現場から，またＦさんとの出会いのなかで考えさせられたことは，「絆」についての取り組み，いわば「絆の制度化」である．現在の政府はパーソナルサポーター（PS）設置を掲げた．路上で二十年問い続けた課題「ハウスレスとホームレス」に向けた取り組みが国レベルで始まろうとしている．

　従来，家庭や地域が果たしてきた機能の第一は「受皿」であった．住，食，寝，子育て，教育，看護，介護など，様々な受皿としての機能を家庭や地域が受け持ってきた．家庭が崩壊する中でこの受け皿部分の多くが社会資源によって担われた．コンビニ等の登場で一人世帯が暮らしやすい生活環境が登場したこと，介護が社会制度として確立したことなどはその典型である．

　さらに家庭や地域にはもうひとつの機能があった．それが「持続性のある伴走的コーディネート」であった．当人のニーズに合わせて家族が必要な支援（受け皿）を伴走的にコーディネートする．例えば，親は，子どもが病気になったら病院に「つなぐ」，治ったら「もどす」，次に学校に「つなぐ」，「もどす」．また，「あと何年で中学校へ進学する」など，長期展望に立った計画など持ち，それに沿ってケアを組み立てた．このような「つなぎ・もどし」の連続的な作用や総合的段階的なケアの組み立てが「持続性のある伴走的コーディネート」である．

　もし，「つないだ」先の受皿が適正でないなら，すぐに次の受皿につなぎ変える．家庭は，受皿チェックの機能も果たしてきた．つないだ先が「貧困ビジネス施設」と呼ばれる悪質施設ならすぐに退所させ，次へ「つなぐ」．結果，それらの悪施設は淘汰される．伴走的コーディネートが機能するとはそのようなことなのだ．このようなコーディネートを可能とする関係性，いわば「絆」を，家庭崩壊後社会においてどう確保するかが問われている．ワンストップサービスによる相談窓口の充実，第二のセーフティーネットによる受け皿の拡充も必要だ．しかし，それらが機能するためには「持続性のあ

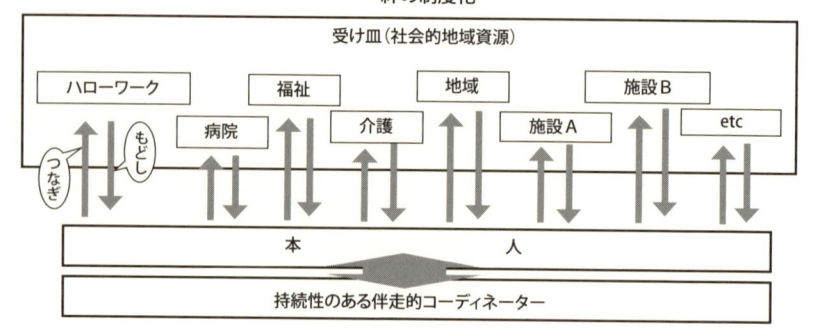

```
                    絆の制度化
┌─────────────────────────────────────────────┐
│           受け皿（社会的地域資源）              │
│  ┌──────┐  ┌────┐  ┌────┐  ┌─────┐         │
│  │ハローワーク│ │福祉 │ │地域 │ │施設B │         │
│  └──────┘  └────┘  └────┘  └─────┘         │
│       ┌──┐    ┌──┐    ┌──┐    ┌──┐        │
│       │病院│    │介護│    │施設A│    │etc │        │
│       └──┘    └──┘    └──┘    └──┘        │
└─────────────────────────────────────────────┘
  つなぎ↑↓もどし   ↑↓    ↑↓    ↑↓    ↑↓
┌─────────────────────────────────────────────┐
│              本         人                   │
└─────────────────────────────────────────────┘
┌─────────────────────────────────────────────┐
│         持続性のある伴走的コーディネーター        │
└─────────────────────────────────────────────┘
```

る伴走的コーディネーター」が必要なのだ．ワンストップサービスが「一回限りのつなぎ」に終わるなら，それはすぐさま行き詰ることになる．持続的で伴走的な支援の継続，すなわち「つなぎ・もどし」の連続的な行使が可能な支援が必要であり，それが「絆」の中身である．

　これまでの血縁や地縁自体多くの問題を抱えていた．それでもこれらが関係の多くの部分をカバーしてきた．しかし，それが崩壊した．社会保障の受け皿をどれだけ確保しようとも，それを本人に合わせ段階的継続的に活用するためのコーディネートをしてくれる人がいない．自立意欲醸成や制度利用が「絆」の欠落によって行き詰まる．伴走的コーディネートとしての絆をどう社会的仕組みとして確保するか．いわば「絆の制度化」が現在求められている．それは，かつての「地縁・血縁への回帰」ではない．新しい絆の仕組みの構築だ．そして，それが自己責任論による無責任社会や困窮者の孤立のみならず，身内の責任として一部の身内だけが苦しむという，従来の日本社会の構造を変えることとなる．困窮状態になった家族を支える家庭自体に対する伴走的支援が成立することで，家庭も孤立から解放される．

　2010年7月，NPO法人北九州ホームレス支援機構は，福岡県における触法障害者のための「地域生活定着支援センター」事業を開始した．私たちは，出所前後の行き先支援のコーディネートに留まらず，伴走型支援を実施することで，彼らの人生そのものを支援したいと考えている．この社会は，刑余者を受け入れる準備が整っていない．刑余者の再犯を自己責任論で片づけている限り，問題の解決はできない．社会が社会としての責任を優先的に

果たす時,刑余者本人のなすべき責任を問えるのだと思う.受け皿となる社会資源の確保も重要であるが,それ以上に刑余者との絆を結び,伴走的に支援していく仕組みの確保が何よりも重要である.「刑余者」を再犯に陥れるのは,経済的困窮および関係的困窮である.彼らのハウスレス(物理的困窮)状態を如何に解消するかと共に,彼らのホームレス(関係的困窮)状態と社会がどのように向かい合うのかが問われている.関係の困窮という第三の困窮に向けた取り組みは,野宿者問題のみならず,刑余者の支援においても大きな課題となっている.

検察の控訴断念から2年が過ぎた.6年後——Fさんを迎えるその日に向けて,今なすべきことを模索したい.

(おくだ・ともし)

編著者略歴

浜井浩一／はまい・こういち

　龍谷大学法務研究科教授．専門は犯罪学．早稲田大学教育学部卒業後，1984年に法務省に採用され，少年院，刑務所，保護観察所等の犯罪者処遇の現場のほか，法務省からの派遣で米国南イリノイ大学大学院留学，在イタリア国連犯罪司法研究所，法務省総合研究所研究官を歴任，2003年から現職．社会保障審議会障害者部会専門委員などを歴任．臨床心理士．主著に『犯罪統計入門』（編著，日本評論社，2006），『刑務所の風景』（日本評論社，2006），『2円で刑務所，5億で執行猶予』（光文社新書，2009），『実証的刑事政策論』（岩波書店，2011）などがある．

Nils Christie／ニルス・クリスティ

　ノルウェー・オスロ大学法学部教授．専門は犯罪学，社会学．1970年代には「アボリショニズム（刑務所廃止論）」の主唱者であり，北欧犯罪学派の旗手として，世界の犯罪学をリードしてきた．その主張の特徴は，暴力的な犯罪対策を鋭く批判し，人間と地域社会を大切にする刑事政策を提唱するところにある．主著に，*A Suitable Amount of Crime* (2004：平松毅・寺澤比奈子訳『人が人を裁くとき』有信堂，2006)，*Crime Control as Industry: Towards GULAGs* (2000：寺澤比奈子訳『司法改革への警鐘』信山社，2002)，*Beyond Loneliness and Institutions: Communes for Extraordinary People* (1989：立山龍彦訳『障害者に施設は必要か』東海大学出版会，1994)，*Limits to Pain* (1981：立山龍彦訳『刑罰の限界』新有堂，1987) などがある．

広田照幸／ひろた・てるゆき

　日本大学文理学部教授．専門は教育社会学．東京大学大学院教育学研究科博士課程単位取得退学後，南山大学文学部講師・助教授，東京大学大学院教育学研究科助教授・教授を経て現職．主著に，『陸軍将校の教育社会史』（世織書房，1997，第19回サントリー学芸賞受賞），『日本人のしつけは衰退したか』（講談社，1999），『教育言説の歴史社会学』（名古屋大学出版会，2001），『思考のフロンティア教育』（岩波書店，2004），『格差・秩序不安と教育』（世織書房，2009），『ヒューマニティーズ 教育学』（岩波書店，2009），『教育論議の作法』（時事通信社，2010）などがある．

伊藤茂樹／いとう・しげき

駒澤大学総合教育研究部教授．専門は教育社会学．東京大学大学院教育学研究科単位取得退学後，聖徳学園岐阜教育大学教育学部講師などを経て現職．主著に『いじめ・不登校（リーディングス日本の教育と社会第8巻）』（編著．日本図書センター，2007），『電子メディアのある「日常」』（共編著．学事出版，2004），『教育問題はなぜまちがって語られるのか？』（共著．日本図書センター，2010）などがある．

中島隆信／なかじま・たかのぶ

慶應義塾大学商学部教授．専門は経済学．慶応義塾大学経済学部卒業後，同大学院において商学博士号を取得後，現職．主著に『障害者の経済学 増補改訂版』（東洋経済新報社，2011），『刑務所の経済学』（PHP研究所，2011）などがある．

久保　貴／くぼ・たかし

法務省関東地方更生保護委員会事務局長．専門は犯罪学／犯罪心理学．名古屋大学大学院文学研究科心理学専攻修了後，法務省に入省．保護観察官，保護局観察係長，国連社会防衛研究所研究官（イタリア），観察課調査官，法務総合研究所教官，関東地方更生保護委員会事務局，総務課長，保護局処遇企画官，さいたま保護観察所長，保護局恩赦管理官を経て，現職．主著に，『変動と社会的逸脱の社会学』（共著．文化書房博文社，1993），『犯罪・非行事典』（共著．大成出版社，1995），『日本の犯罪学〈7〉1978-95(1)原因・〈8〉1978-95(2)対策』（共編著．東京大学出版会，1998）などがある．

奥田知志／おくだ・ともし

NPO法人北九州ホームレス支援機構理事長．関西学院大学神学部大学院修士課程，西南学院大学神学部専攻科を経て東八幡キリスト教会牧師に就任．1990年にホームレス支援組織北九州越冬実行委員会に参加し，事務局長に就任．2000年より現職．NPO法人ホームレス支援全国ネットワーク理事長，学校法人西南学院理事も務める．2009年3月には，NHK『プロフェッショナル——仕事の流儀』に出演した．主著に，『主の招く声が』（共著．日本キリスト教団出版局，2010），『もう，ひとりにさせない　わが父の家にはすみか多し』（いのちのことば社，2011）などがある．

****

訳者：桑山亜也／くわやま・あや

龍谷大学矯正・保護総合センター嘱託研究員．

編者紹介：日本犯罪社会学会について

日本犯罪社会学会は，1974（昭和49）年に設立され，学術大会の開催，学会機関誌「犯罪社会学研究」の刊行，国際交流など，犯罪・非行問題について研究活動を行っており，大学・各種研究所等に所属する研究者，裁判所・刑務所・少年院・少年鑑別所・保護観察所・中学校や高等学校等に勤務する実務家たる研究者など，現在500名を越える会員を擁しています．また，会員の研究分野は，犯罪社会学や刑事学の基礎理論，犯罪・非行問題の調査研究をはじめとして，犯罪・非行問題に関わるあらゆる分野・領域にわたっています．
（学会ウェブサイト　http://hansha.daishodai.ac.jp/action/index.html）

持続可能な刑事政策とは
地域と共生する犯罪者処遇

2012年3月10日　第1版第1刷発行

編　者　日本犯罪社会学会（責任編集：浜井浩一）
発行人　成澤壽信
編集人　桑山亜也
発行所　株式会社 現代人文社
　　　　〒160-0004 東京都新宿区四谷2-10 八ッ橋ビル7階
　　　　Tel 03-5379-0307（代）　Fax 03-5379-5388
　　　　E-mail henshu@genjin.jp（編集）　hanbai@genjin.jp（販売）
　　　　Web http://www.genjin.jp
　　　　郵便振替口座　00130-3-52366
発売所　株式会社 大学図書
印刷所　株式会社 平河工業社
装　幀　クリエイティブ・コンセプト

検印省略　Printed in JAPAN
ISBN978-4-87798-517-2 C3032
©2012 by Japanese Association of Sociological Criminology

本書の一部あるいは全部を無断で複写・転載・転訳載などをすること，または磁気媒体等に入力することは，法律で認められた場合を除き，著作者および出版者の権利の侵害となりますので，これらの行為をする場合には，あらかじめ小社または編著者宛に承諾を求めてください．